教育管理理论与实践

刘建英　王　敏◎著

吉林出版集团股份有限公司

图书在版编目（CIP）数据

教育管理理论与实践 / 刘建英，王敏著. — 长春：
吉林出版集团股份有限公司，2024.5
　　ISBN 978-7-5731-4881-0

Ⅰ．①教… Ⅱ．①刘… ②王… Ⅲ．①教育管理—研
究 Ⅳ．①G40-058

中国国家版本馆CIP数据核字（2024）第079265号

教育管理理论与实践

JIAOYU GUANLI LILUN YU SHIJIAN

著　　者	刘建英　王　敏
出版策划	崔文辉
责任编辑	徐巧智
封面设计	文　一
出　　版	吉林出版集团股份有限公司
	（长春市福祉大路5788号，邮政编码：130118）
发　　行	吉林出版集团译文图书经营有限公司
	（http：//shop34896900.taobao.com）
电　　话	总编办：0431-81629909　营销部：0431-81629880/81629900
印　　刷	北京昌联印刷有限公司
开　　本	787mm×1092mm　　1/16
字　　数	210千字
印　　张	13
版　　次	2024年5月第1版
印　　次	2024年5月第1次印刷
书　　号	ISBN 978-7-5731-4881-0
定　　价	78.00元

如发现印装质量问题，影响阅读，请与印刷厂联系调换。电话：010-82751067

前　　言

随着我国政府对教育事业的高度重视和投入的加大，教育得到了快速发展。目前，我国已成为世界上教育在学人数最多的国家。如何树立以提高质量为核心的教育发展观，全面提高高校人才培养质量、科学研究水平、社会服务能力和文化传承创新能力；如何树立与教育大众化相适应的教育质量观、实施重大发展项目，既着力培养拔尖创新人才，又大量培养应用型、复合型、技能型人才；如何提高教育国际化水平、提高教育管理水平，带动教育质量全面提高等诸多新情况、新问题为新形势下教育发展提出了新挑战。

本书在内容上教育管理理论与实践进行研究，先是从教育管理概述入手，介绍了教学管理的基本原理和原则、教育管理体制，并深入探讨了教学管理、学校管理、学校的师生管理以及课外活动管理、校园文化管理等内容。

本书在编写过程中参考借鉴了一些专家学者的研究成果和资料，在此特向他们表示感谢。由于编写时间仓促，编写水平有限，不足之处在所难免，恳请专家和广大读者提出宝贵意见，予以批评指正，以便改进。

目　录

第一章　教育管理概述

第一节　教育管理的概念和特点

教育管理的概念反映了教育中各种管理一般的、本质的特征。对其特点的揭示，会让我们对教育管理这一活动有更加准确、系统、全方位的理解。

一、教育管理的概念

教育管理是指国家为贯彻教育方针，实现培养目标，而对教育系统所进行的计划、组织、控制等一系列有目的的连续活动。这一概念界定表明党和国家的教育方针是实施教育管理的依据。各教育行政部门和学校根据相应的科学管理原理，通过对教育系统实施计划、组织、控制等一系列的连续活动，达到培养人才的目的。

一般来说，教育管理包括教育行政与学校管理。

教育行政是指国家对教育的管理，主要是指教育行政机关的活动，包括中央教育行政机关活动和地方教育行政机关活动。教育行政的主要内容有：贯彻党和国家的教育方针、政策，制定、推行教育法令，拟定教育规章，编制教育计划，审核、分配教育经费，建立、健全与改进各级教育行政组织，任用、培养教育人员，视察、指导和考评所属教育行政单位和学校的工作，处理各项教育工作上的问题，等等。

学校管理是学校管理者为实现培养目标，遵循教育管理规律，运用一定原理和方法，对学校所进行的计划、组织、控制等一系列有目的的连续活动。学校管理的主要内容有：德育、智育、体育、美育、劳育的管理，教师和学生管理，保卫、总务、财务、图书、仪器管理，编制管理和管理机构对自身的管理。

二、教育管理的特点

教育管理作为一般管理的一部分，除了具有一般管理的一些特点，还有自己独特的特点，如权变性、双边性、复杂性和多价值摄入性等。

（一）教育管理的权变性

影响教育管理工作的众多因素中既有系统性因素，也有随机性因素（也称偶发性因素）。

系统性因素是指在教育工作中长期起作用的因素，具有稳定性，如领导者的水平及能力、教师的业务素质、学校的周边环境、学生来源、学校建筑设计等。对于这类因素，人们可以提前预测它的出现，也可以据此事先采取相应的管理措施。这类因素虽然比较容易发现，但造成的相应问题不易解决。

随机性因素是指在教育工作中偶然出现的因素，具有不稳定性。例如，由于某种原因，某堂课换了一个条件不好、室外又有喧闹声的教室，导致这堂课的教学质量不佳。这类因素造成的问题虽然不像系统性因素那样难以解决，但有时不易发现。人们往往难以预测它的出现，难以事先制定相应的管理措施。

这两类因素的存在使得教育管理中既有规范性管理，又有权变性管理，如编班、安排课程、考评教学工作量等都属于规范性管理。这些工作如何做，事先都有明确规定。在权变性管理中，如何处理因随机性因素造成的问题，没有明确规定，应该根据具体情况采取相应的管理措施。实际上，不存在适用于任何情况的"最佳"管理方法和措施。哈罗德·孔茨强调有效的管理总是随机制宜的或因情况而异的管理。因此，要善于把教育管理理论因地制宜、因事制宜、因人制宜地加以改造。

在教育管理中，人的因素占主导地位，人作为地球上唯一有思维活动的生命，有许多变化的不定性，教师不经意间的一个眼神、一种表情、一句话、一种行为可能会对学生产生莫大影响。另外，即使有了管理规则，也会因非理性因素而出现随机事件。因此，教育管理具有很强的权变性，应该根据具体情况采取相应的教育教学和领导措施。

（二）教育管理的双边性

任何管理活动均包括管理者与被管理者，管理是在管理者与被管理者的相互运动中实现的。管理对象虽然包括物，但主要是人，管理主要是在人的双边关系系统中实现的。可以说，任何管理活动都具有双边性，教育管理也不例外。

就一般管理而言，管理者通过对被管理者实施影响，使他们按照预定目标去行动，改变自己不符合组织目标的行为。被管理者在接受管理者对他们的影响时，并不是消极、被动地去服从指挥，而是根据自己的需要带着主观认识去接受命令。被管理者在工作中表现出来的对命令的服从感、责任感、成就欲等对管理者是一种影响。这种影响可能是积极的，也可能是消极的。积极的影响可以使上级管理者或同级人员增强信心，正确对待面临的困难，有利于预定目标的实现。消极的影响会使人们丧失信心，阻碍预定目标的实现。因此，管理过程是管理者与被管理者相互作用、相互依存和相互制约的影响活动。

较之一些其他管理活动，教育管理的双边性更加突出，而且有其特殊性。教育是一种培养人的事业，对于教育领域中的很多东西，人们难以下定论或把握，如怎么做是启发性教学，什么行为是因材施教。教师的教育理念、工作态度、责任心等，很难通过教师的某种行为去判定，教师在从事某项工作时将持有什么心态、生成什么行为也很难预定。在这种情况下，作为被管理者的教师与作为管理者的校长、主任等，以及作为被管理者的学生与作为管理者的教师等，他们之间的相互活动，尤其是积极的活动对实现教育目标、满足被管理者的需要显得格外重要。

（三）教育管理的复杂性

学校是教育组织中最庞大的群体，这个群体涉及很多人员及其相互关系。从学校内部来说，有行政人员、教师与学生；从外部来说，有家长、亲戚、社区成员，其中家长是一个庞大的与学校有密切关系的群体。这些人员之间又构成了不同的社会关系。

学校本身也有不同于其他组织的特点。

首先，学校中的教师具有双重角色，既属于被管理者，又属于管理者，他们每年、每学期、每月甚至每天都在不同的角色中变换。教师作为被管理者时面对的是成人，作为管理者时面对的是未成年人（中小学教育阶段）。不仅如此，他们还以职业人的角色出现，被社会誉为"人类灵魂的工程师"，因此要时刻注意自己的言行，要起到行为示范的作用。

其次，学校中的学生有不同于成年人的特点：他们的生理处于快速成长时期，心理也存在诸多矛盾；他们渴望独立，但是又不具备独立的条件；他们喜欢标新立异，这种心理使一些学生出现叛逆性，有时可能会比较冲动。

最后，对于学校来说，每年都要迎来一批新学生，每年也要送走一批毕业生。在迎来新学生的同时，学校也迎来了与他们相关的社会关系。所以，学校是人员、社会关系变化极大的组织，学校管理属于走动式管理。

此外，中小学的学生基本都是未成年人，不具有完全民事行为能力，家长是他们的监护人。所以，中小学管理不仅要面对学生，还要面对家长。家长是具有不完全组织性的群体，他们没有明确的组织目标、组织结构、组织规则等。因此，对家长这个群体的管理具有很大的难度。

上述人员及组织本身的特点表明教育组织具有复杂性，对于这种组织的管理也具有复杂性，对其管理要特别注意方式方法。

（四）教育管理的多价值摄入性

教育的不确定性，使得管理者经常要对工作中的问题做出判断与决定，许多判断与决定属于价值选择问题，而不属于是非对错问题。因此，管理者在进行管理时，不仅要进行事实判断，还要进行大量的价值判断。

事实判断着眼于事物的客观发展状态，旨在描述和反映事物的性质、功能和变化。事实判断就是要原本地再现客观事实，清除以主体为转移的成分，清除主体的需要和干扰等。价值判断从主观意志、需要和愿望出发，旨在估量和评价事物对人的需求的影响，要以主体自身需要作为评价的依据，其自然不能排除主体，而应以主体的需要为转移。价值判断是事实判断的目的性追求，要以对事实的正确认识为基础，使主观需求与客观相符合。

教育是价值高度涉入的事业，教育教学活动常常会涉及其他活动不常遇到的价值问题。学校是社会上各种价值观念冲突的中心，这些价值观念的冲突及其他价值方面的问题，常常反映在教育教学工作中，这使得教育者必须时常运用自己的价值观，在事实基础上进行价值判断，然后选择理性的、应然的行为。

教育工作充满各种各样的价值判断，这一特点表明教育管理不仅有单纯的技术问题，还有很多价值判断问题。因此，教育管理者要随时依赖个人的道德观对教学、科研和管理进行价值判断，以对事实的正确认识为基础的同时，还要考虑对学生、教师和学校发展的意义，可以说，学生、教师和学校发展的需要是价值判断的依据。

第二节 教育管理的理论源流

教育管理的理论源流可以追溯到中国早期的管理思想和西方管理理论。早期管理思想是后来管理理论产生的基础。例如，在我国春秋时期，孔子就提出了德治的管理思想，《论语·为政》提到"道之以政，齐之以刑，民免而无耻；道之以德，齐之以礼，有耻且格"，意思是对社会有效的管理有两条：一是"道之以德"，即用道德规范引导、教育人民；二是"齐之以礼"，即用礼仪使人民整齐一致，这样人民就知道羞耻并且自觉地约束自己而归于正道了。对管理理论进行比较系统的阐述始于19世纪末20世纪初的西方。一般来说，管理理论的演变经历了古典管理理论阶段、行为科学管理理论阶段、现代管理理论阶段和现代管理理论新发展阶段，这里以这几个阶段为主，探寻教育管理的理论源流。

一、古典管理理论

古典管理思想产生于19世纪末20世纪初。那时，一些组织的生产效率低,组织活动无计划,组织成员的工作责任含糊不清,社会急需把组织从混乱中解脱出来,于是古典管理理论诞生了。在古典管理理论中,比较有代表性的是美国的弗雷德里克·泰勒的科学管理理论、法国的亨利·法约尔的一般管理理论、德国的马克斯·韦伯的理想行政组织理论。这里重点阐述前两位学者的理论。

(一)泰勒的科学管理理论

泰勒出生在美国宾夕法尼亚州费城的一个律师家庭。22岁的泰勒进入费城米德维尔钢铁公司工作,由于他的聪明和勤奋,在不到10年的时间里,便由一名普通工人逐步成长为总工程师。1898年,他到伯利恒钢铁公司工作。1901年以后,他用大部分时间从事写作、讲演,宣传他的科学管理理论。

19世纪末20世纪初,科学技术和社会经济都出现了巨大的变化。资本主义经济的发展逐步由自由竞争时期进入垄断时期。然而,工业上实行的仍是传统的经验管理方法,靠饥饿政策迫使工人工作,靠延长绝对劳动时间和增加劳动强度赚取更多的利润,这激起了工人阶级的强烈反抗。当时,泡病号、磨洋工、偷工减料的现象大量存在,管理者的管理也存在问题,使得劳动效率低下。科学技术的发展,资本主义生产的集中和垄断,劳资矛盾的发展和尖锐化,对企业管理提出了新的要求,促成了管理思想的进一步发展。在这样的时代背景下,泰勒的科学管理理论诞生了。

1911年,泰勒所著的《科学管理原理》一书出版了,这本书对科学管理理论进行了详细阐述。他的科学管理理论体系称为泰勒制,指应用科学方法确定从事某项工作的最佳方法。泰勒对科学管理做出了巨大贡献,被后人誉为"科学管理之父"。

1. 科学管理的目的

泰勒首先阐述了管理的目的,他认为管理的主要目标应该是使雇主的财富最大化,同时也使每一位雇员的财富最大化,广义上讲,这里用到的"财富最大化"不仅意味着公司或其所有者能获得更多的利润,还意味着各行各业都达到了最好的经营状况。只有这样才能实现永久的社会财富最大化。由此我们看到,泰勒的科学管理实际上是雇主、雇员双赢的管理思想。他还认为雇主与雇员的真正利益是一致的，除非实现了雇员财富最大化，否则不可能永久地实现雇主财富最大化，反之亦然；同时满足工人的高薪这一重大需求和雇主的产品低劳工成本的需求，是可能的。

不仅如此，泰勒认为科学管理还要实现管理者与工人之间的友好合作。他认为，通过实行科学管理，工人和管理者之间可以彼此和谐相处，在对待各自职责方面、精神面貌上有了彻底改变，两者之间的职责有了新的分工，其亲密无间、友善协作的程度，在过去的管理制度下是不能达到的。这一切如果没有逐步形成的新管理机制的支持，在许多情况下是不可能实现的。

2. 科学管理的主要内容

第一，劳动定额制。通过对工人操作和劳动时间进行观察和实验研究，规定完成某项工作的标准动作和完成这些动作所需要的时间，从而创造了劳动定额制度。

第二，标准化制。工人在工作时要采用标准的操作方法，原材料、工具、工艺规程等都必须标准化。

第三，差别计件工资制。如果一个工人生产一定标准数量的产品，那么他的收入按某一计件率计算。如果产量超过此标准，则用较高的计件率来计算所有的产品；如果产量低于此标准，则用较低的计件率来计算所有的产品。

第四，职能制。建立与各车间平行的各种科室，去执行各种管理工作的职能。通过这种管理的分工，每个管理者只承担特定的管理职能，这有利于提高管理的效率。

泰勒认为，科学管理有四个基本组成要素，或者说科学管理的四大基本原理包括：形成一门真正的科学，科学地选择工人，对工人进行教育和培养，管理者与工人之间亲密友好地合作。泰勒还对科学管理进行了概括，他认为：科学管理是科学，而不是单凭经验的方法；是协调，而不是分歧；是合作，而不是个人主义；是最大产出，而不是有限制的产出；是实现每个人的劳动生产效率最大化，富裕最大化，而不是贫困。

泰勒科学管理的产生是管理发展史上的重大事情，他倡导用科学研究来代替个人判断和经验，他通过研究和实践形成了一整套科学管理制度，这是管理从经验走向科学的至关重要的一步，对管理发展产生了巨大的推动作用。但是泰勒对人的看法是错误的，他的理论建立在"经济人"的基础上，即认为人的一切活动都出于经济动机，忽视了社会因素对人活动的制约作用。同时，泰勒仅仅解决了个别具体工作的作业效率问题，没有解决企业作为一个整体如何经营和管理的问题。

（二）法约尔的一般管理理论

法约尔出生于法国的一个小资产者家庭，19 岁毕业后进入一家公司任工程师。自 1866 年开始，他一直担任高级管理职务。他把公司作为一个整体加以研究，还对公司进行了改革和整顿，使公司摆脱了濒临破产的处境，稳固了公司的市场地位。他写了很多著作，内容包括采矿、地质、教育和管理等。他在管理领域的贡献，使他受到后人的瞩目。他将自己的管理经验归纳提升为理论，于 1916 年出版了《工业管理与一般管理》一书，在这本书中他提出了他的一般管理理论。法约尔是 20 世纪上半叶最杰出的管理学家，被誉为"现代经营管理之父"。法约尔的一般管理理论的主要内容主要涵盖以下四个方面。

1. 提出并描述管理的六项基本职能

法约尔认为管理包括六项基本职能：①技术职能，如设计、生产、制造、优化等；②商业职能，如采购、销售、交易等；③财务职能，如筹资、资本效用最大化等；④安全职能，如资产和人员的保全等；⑤会计职能，如存货盘点、资产负债表的制作、成本核算、统计等；⑥管理职能，如计划、组织、指挥、协调、控制等。

2. 提出并阐述管理的五种要素

法约尔是最早将管理的组成要素加以概括和系统论述的管理学家，他认为管理是由计划、组织、协调、指挥、控制这五种要素组成的活动过程。

计划：预测未来并确保各种行动计划的实施。

组织：确保各职能权力与职责的实现，建立一个包括物质和人性的双重结构企业。

协调：确保各项职能活动的及时性与连贯性，使企业员工能够团结在一起，和谐地开展各项职能活动。

指挥：使计划得以实施，使工作得以完成。

控制：监督与更正，确保每件事情都按照既定规则和程序运行。

3. 提炼出十四条管理原则

法约尔认为要执行好管理职能，就要依赖一些原则，也就是说要依托一些已经被论证的、被接受的道理。管理原则指引着管理过程，指引着诸如计划、组织等要素。为此，法约尔提炼出十四条管理原则：劳动分工、权力与责任、纪律、统一指挥、统一领导、个人利益服从整体利益、人员的报酬、集中、等级制度、秩序、公平、人员的稳定、首创精神、人员的团结。

4. 明确员工需要具备的各种能力

法约尔认为，每一个员工都应该具备技术能力、商业能力、财务能力和管理能力等，这些能力都是以一系列的素质与知识为基础的，这些素质与知识包括身体、智力和道德的素质，以及一般文化、专业知识和经验。法约尔认为管理能力可以通过教育来获得，他大力提倡在大学讲授管理学。

法约尔管理理论从较高层次上弥补了泰勒科学管理的不足。由于他强调管理的一般性，所以他的理论在许多方面也适用于政治、军事、教育及其他领域，该理论给实际管理者提供了巨大帮助。法约尔一般管理理论的不足之处是他的管理原则过于僵硬，以至于实际管理者有时难以遵循。

二、行为科学管理理论

古典管理理论对管理理论的形成与发展及管理水平的提升都起到了很大的推动作用，但是这种理论注重生产过程等方面的作用，没有更多地考虑人的积极性与创造性问题，"经济人"色彩很浓，引起了工人的不满，使劳资矛盾加深。加之生产力的迅速发展，新兴工业的不断涌现，科学技术的广泛应用，都要求管理不仅要关注生产本身，还要关注人的动机、情绪，关注组织氛围。于是，着重研究人的因素，旨在调动人的积极性的行为科学学派应运而生。行为科学理论是于20世纪30年代开始逐渐形成的研究人的行为的综合性新学科，早期被称为人际关系学说。人际关系学说产生于乔治·梅奥的霍桑研究。

（一）霍桑研究

霍桑研究是 1924 年到 1932 年期间，美国有关研究人员在霍桑工厂进行的有关工作条件、社会因素与生产效率之间关系的研究，旨在解决劳资矛盾和生产效率低下的问题。

霍桑研究分为四个阶段。

1. 照明实验（1924—1927 年）

照明实验是在麻省理工学院电气工程学教授杜格尔·杰克逊的具体指导下进行的，实验目的是研究照明情况对生产效率的影响。研究人员认为，工作的物理环境是影响工作效率的主要因素之一。他们把参加实验的工人分成实验组与控制组，控制组的照明度始终不变，实验组的照明度不断变化。实验结果表明，照明度与工作效率没有单纯的直接因果关系。

2. 继电器装配室实验（1927—1929 年）

从 1927 年冬季开始的后三个阶段实验都是在梅奥的领导下进行的。继电器装配室实验的目的是通过实验发现各种工作条件变动对生产率的影响。研究小组选出装配电器的 6 名女工，把她们安置在单独一间工作室内工作，同时改善工作条件，比如增加工间休息时间，工间休息时免费供应茶点，缩短工作时间，实行每周 5 天工作制，撤销工头监督，实行团体计件工资制等。6 名女工在工作时可以自由交谈，观察人员对她们的态度也非常和蔼。在实验期间，产量不断上升。实验一段时间后，研究小组决定取消这些优待，但是生产率并没有因此而下降。梅奥等人发现，是监督和指导方式的改变导致女工们工作态度的改变。同时实验也表明，工作条件等不是提高工人劳动生产率的唯一因素。

3. 访谈研究（1928—1930 年）

从 1928 年 9 月开始，为了验证第二个阶段的实验结果，梅奥的研究小组进行了大规模的访谈研究，他们共花了两年时间对两万多名职工进行访问交谈。交流涉及的问题很广泛，并且允许职工自己选择话题、提建议、发牢骚。工人们通过交谈，极大地发泄了胸中的闷气，许多人觉得这是公司所做的最好事情，取得了很好的效果，生产效率大幅度上升。职工们的工作态度之所以转变，是因为他们吐露心声后感到轻松愉快，他们看到他们的许多建议被采纳，他们参与决定公司的经营与未来的讨论，而不是只做一些没有挑战性和不被感谢的工作。实验又一次表明：影响生产效率的最重要因素是工作中发展起来的人际关系等社会因素，物质条件的变化往往对生产效率的影响不大。研究小组还了解到，每个工人的工作效率的高低，不仅取决于他们自身的情况，而且与他所在小组中的其他同事有关，任何一个人的工作效率都要受他的同事的影响。为了对这一点进行进一步系统的研究，实验进入了第四个阶段。

4. 观察研究（1931—1932 年）

在梅奥的领导下，研究小组又进行了"接线板小组观察室"实验，目的是搞清楚社会因素对激发工人积极性的重要性。研究小组选择了几名接线板工人，通过 6 个月的观察发现：①工人在故意自行限制产量；②成员中存在着一些小派系，这些派系中的规范会影响工人的行为。这些规范包括既不能工作太多，也不能工作太少；不能在上司面前打小报告；不能远离大家，孤芳自赏；不能自吹自擂，一心想领导大家；等等。研究小组由此得出结论：①在正式组织中存在非正式组织；②对职工来说，在群体中的融洽性和安全性比工资、奖金等物质因素有更重要的作用。

（二）人际关系学说

根据霍桑研究结果的分析与研究，梅奥于 1933 年出版了其代表作《工业文明的人类问题》，提出了与古典管理理论不同的新观点——人际关系学说。

梅奥认为，在特定群组内经常发生所谓人际关系失调，可能意味着对工作的关系和对人与人之间关系的惯例规则的失调，而不是指个人的初级非理性行为。

所以，梅奥非常注重组织中的良好人际关系的建立。梅奥人际关系学说的主要内容如下。

1. 人是"社会人"，而不是"经济人"

工作条件、工资报酬不是影响生产效率的第一因素，社会因素与心理因素对人有更大的影响。因为人总是要从属于某一群体，并受到群体的影响。人们不是单纯追求物质与金钱，而是还要追求人与人之间的友谊、安全感、归属感等。新的激励重点必须放在社会、心理等方面，使人们之间更好地合作，从而提高劳动生产率。

2. 生产效率的高低在很大程度上取决于工人的工作态度和工作情绪

泰勒认为物质工作环境是影响生产效率的主要因素，生产效率、作业方法和作业条件三者之间存在着单纯的因果关系。而霍桑的研究表明，作业条件的变化与生产效率的改变没有线性关系，生产效率与工人的工作态度和工作情绪却有很大关系。工人的工作态度积极、工作情绪高，生产效率就高。工作效率的提高可以归因于士气高涨，而不是因为实验过程中实施的其他任何改变。社会因素则是影响工人工作态度和工作情绪的主要因素。

3. 企业中存在非正式组织

梅奥认为在企业中除了正式组织，还存在非正式组织。这种无形的组织是企业成员在生产和生活过程中，为了满足某种需要而形成的，它会左右群体中的每位成员的行为。古典管理理论仅注重正式组织的作用，忽视了非正式组织对职工行为的影响，这显然是存在局限性的。非正式组织与正式组织相互依存，对生产效率的提高都有很大影响。

4. 新的领导方式在于提高工人的满足程度

既然生产效率的高低主要取决于工人的工作态度和工作情绪，而工人的工作态度和工作情绪则取决于他们感觉到的各种需求的满足程度。这种满足程度首先表现为职工在工作中的社会地位，是否被上司、同事等承认，其次才是金钱和物质。所以，新型领导不仅要解决工人技术和物质方面的问题，还要掌握工人的心理状态，了解他们的思想情绪，采取相应的措施，以达到提高生产效率的目的。梅奥强调：新型领导者既要具有技术经济技能，又要具有人群关系技能，既要了解人们合乎逻辑的行为，又要了解不合乎逻辑的行为；管理者不能只站在自己特殊职能的狭窄立场上，认为由强有力的社会规约所建立起来的控制，在人类生活和行为的其他领域，还可以继续产生作用；管理者必须学会倾听他人的心声，否则，不管他多么聪明，不管他的经验多么丰富，由于个人经历和思维能力的局限性，他都不会真正了解工人的需要。

（三）行为科学的兴起

梅奥的人际关系学说在学术界和企业界引起了极大反响，芝加哥大学、麻省理工学院等著名大学，相继建立了人际关系研究中心，使人际关系学说得以迅速发展，这为行为科学的诞生奠定了基础。1949 年，一批哲学家、社会学家、心理学家、生物学家、精神病学家在美国芝加哥大学讨论、研究人的行为规律的问题，在充分肯定了人际关系学说的一系列研究成果后，认为在此基础上有必要创建一门新的综合性学科，并把它正式定名为行为科学。

关于行为科学，国内外学术界有着不同的解释。一般认为，行为科学是研究人的行为产生、发展和转化规律，以便预测和控制人的行为的一门学科。研究行为科学的目的，就是运用科学方法，通过对人的心理活动的研究，揭示人的行为规律，调节人与人之间的关系，从而采用新方法管理员工，最大限度地调动人的积极性，有效地提高劳动生产效率，最大化地实现组织目标。

行为科学是跨多学科、综合性、边缘性的学科，它与心理学、社会学、人类学、政治学、经济学、伦理学、法学、教育学、行政管理学等都有密切联系。因为人的行为会受到许多方面的制约，所以研究人的行为需要多学科协同进行。

行为科学理论要研究个体行为、群体行为、领导行为和组织行为。人性假设是行为科学管理理论的出发点，个体行为理论是行为科学管理理论的核心内容，群体行为理论是行为科学管理理论的重要支柱，领导行为和组织行为理论是行为科学管理理论的重要组成部分。

很多学者都为行为科学管理理论的发展做出了巨大贡献，如道格拉斯·麦格雷戈的 X-Y 理论、埃德加·沙因的四种人性假设理论、亚伯拉罕·马斯洛的需要层次理论、弗雷德里克·赫茨伯格的双因素理论、戴维·麦克利兰的成就需要理论、卡特·勒温的群体动力学、罗伯特·布莱克和简·莫顿的管理方格理论等分。

行为科学理论丰富和发展了管理理论体系，扩展了管理作为一门科学的研究和发展空间。把行为科学的理论与方法应用到管理过程之中是管理科学的一大进步。不仅如此，该理论的出现使管理从对物的关注转向对人的关注，改变了管理者对员工地位的看法，强调从满足人的需要、动机、人际关系等方面来引导员工，发挥他们的主观能动性，调动他们的工作积极性。这些对当时及后来的管理实践具有重要的指导意义。

三、现代管理理论

20世纪五六十年代以后，随着现代科学技术发展的日新月异和生产社会化程度的日益提高，管理掀起了热潮。管理专家从各自不同的背景、不同的角度，运用不同的方法对当代管理问题进行了研究，相继出现了许多管理理论和新学派。美国著名管理学家孔茨等把这种现象形象地描述为"管理理论丛林"，意思是说，当时的管理理论各学派林立，像"热带丛林"。一些学者梳理了这种"管理理论丛林"现象，认为这些学派有群体行为学派、经验主义学派、社会系统学派、决策理论学派、管理科学学派、管理过程学派、权变理论学派、系统管理学派、经理角色学派、经营管理学派等。这里重点阐述决策理论学派和经验主义学派中的一些理论。

（一）决策理论学派

决策理论学派是从社会系统学派发展而来的。决策理论是以社会系统理论为基础的，后来又吸收了行为科学、系统理论、运筹学和计算机科学等学科的内容，形成了一门有关决策过程、准则、类型及方法的较完整的理论体系。其代表人物是赫伯特·西蒙和詹姆斯·马奇。

西蒙是美国卡内基梅隆大学教授，美国经济学家、社会科学家、管理学家。由于在决策理论方面的出色研究，他于1978年获得了诺贝尔经济学奖，其代表作为《管理行为》《管理决策新科学》等。

马奇是美国斯坦福大学教授，于 1953 年获得耶鲁大学博士学位。他的研究覆盖管理学、社会学、政治学、教育学等领域，并在组织决策领域做出了很大的贡献，其代表作有《决策是如何产生的》等。

1. 决策过程理论

第一，管理就是决策。西蒙等人认为，管理活动的全部过程（从计划、组织、检查到总结），都是决策过程，决策贯穿了整个管理过程。所以，管理过程就是决策过程，它们先分离出组织成员决策制定过程中的某些要素，再建立规范的组织程序，来选择和确定这些要素，并将要素的信息传递给组织内相关的成员。

第二，决策是一个复杂的过程。决策至少包括四个主要阶段：①情报活动，探查环境，寻找决策的条件；②设计活动，制定和分析可能采取的行动方案；③抉择活动，从可资利用的方案中选择一条特别行动方案；④审查活动，对过去的抉择进行评价。这四个阶段都含有丰富的内容，并且各个阶段有可能相互交错，因此决策是一个复杂的过程。

第三，程序化决策与非程序化决策。西蒙认为在决策中存在两种不同的决策，即程序化决策与非程序化决策。程序化决策是指反复出现和例行的决策。由于这种决策涉及的事情趋向于反复出现，人们就会制定出一套例行程序来解决它。组织中有大量的程序化决策。非程序化决策是指从未出现过的，或者其确切的性质和结构还不清楚或相当复杂的决策。处理这类问题没有"灵丹妙药"，因为这类问题以前从未发生过，或因其确切的性质和结构尚捉摸不定或很复杂，或因为其十分重要而需要用"现裁现做"的方式加以处理。随着人们认识的深化，非程序化决策会转变为程序化决策。

2. 满意化与有限理性

马奇在《决策是如何产生的》一书中对满意化与有限理性进行了阐述。决策实际是选择方案，那么选择最大化的方案，还是满意化的方案？为了解决这个问题，马奇首先界定了什么是最大化和满意化：最大化要求对所有的备选方案进行比较，从中选择最佳方案；满意化则要求按照一定的目标比较备选方案，从中选择足够好的方案。他还认为：最大化要求各个备选方案的偏好前后一致，实质上也就是要求的各个方面归结为一个单一的标准——尽管这个标准不必确切存在；满意化则为偏好的各个方面都规定了目标，并且把目标当作独立的约束条件。在满意化的情况下，如果首先寻找到了符合各个标准的足够好的组合，那么即使随后出现了更好的组合，也不会选择这个更好的组合。总之，最大化选择的是最佳备选方案，满意化选择的是优于某一标准或目标的备选方案。

按照理性决策规范解释，人们需要以较小的成本获得较大效用，都设想收益最大化，所以决策时会选择最大化的决策方案。但是，有关决策规则的行为学的研究者却观察到，决策者似乎更倾向于选择满意化而不是最大化。

人们并非不想选择最大化的决策方案，是因为人是有限理性，而非完全理性的，有限理性的特点影响了最大化的获取。完全理性是指：决策者拥有共同的基本偏好，拥有有关备选方案及其结果的全部信息；所有的备选方案及其结果都是已知的、确定的，所有与方案选择的相关偏好都是已知的、准确的、一致的、稳定的。有限理性是指：决策者的所有偏好并不是都在同一时间出现的，他们没有一组完整的、一致的偏好，相反，他们的目标看起来不完整，也不一致，而且他们并不是同时考虑所有的目标；并不是所有的备选方案都是已知的，并不是所有的结果都能够考虑到。

尽管决策者都试图做出理性决策，但他们被有限理性的认知能力和不完全信息所束缚。决策者在注意力、记忆力、理解力和沟通力方面都受到严重限制：注意力集中的时间和能力是有限的；组织和个体存储信息的能力是有限的；决策者的理解力也是有限的；决策者交流信息、共享复杂的和专业化的信息的能力也是有限的。虽然决策者在尽力克服这些条件的约束，他们有美好的愿望，也付出了巨大的努力，但是他们的行动不是完全理性的，他们是有限理性的决策者。鉴于这种情况，决策者往往不会考虑所有的备选方案，相反他们仅考虑为数不多的几个备选方案，而且不是同时研究，而是按顺序研究这几个方案。决策者不会考虑备选方案的所有结果，他们把注意力集中在某几个结果上，而忽略其他结果；他们通常不会去寻找与结果相关的信息，也不采用有些可获信息。他们要寻找一个"足够好"的行动，而不是去寻求"最佳可能"的行动。

总之，最大化假设人是完全理性的，人可以找到达成目标的所有备选方案，所以人可以选择最优化的决策方案；满意化假设人是有限理性的，人自身的能力具有有限性，当他们面对具有不确定性和复杂性的环境时，选择最优方案是极难甚至是不可能的，于是用"满意化"取代"最大化"。

（二）经验主义学派

经验主义学派又称案例学派，它是以企业的管理经验为主要研究对象，以向企业管理者提供成功经验为目标的一种管理理论学派。主要代表人物是美国的彼得·德鲁克、欧内斯特·戴尔、艾尔弗雷德·斯隆、亨利·福特和威廉·纽曼等。

经验主义学派认为：管理科学理论应该从管理的实际出发，把成功的管理者的经验加以概括和理论化，向企业管理者提供重要的指导；通过案例研究分析管理者的成功经验和他们解决特殊问题的方法，便可以在相仿情况下进行有效的管理。

下面以德鲁克的思想作为代表，简要介绍经验主义学派的一些重要观点。德鲁克生于维也纳，1931 年在法兰克福大学获国际法博士学位，1937年移居美国，终身以教学、咨询和著书为业，是当代国际上最著名的管理学家之一，被称为"管理大师中的大师"。德鲁克一生有很多管理思想和经验，出版了《管理的实践》《卓有成效的管理者》等著作。这里主要介绍德鲁克有效管理者、自我控制和目标管理等思想。

1. 有效管理者

德鲁克倡导实施有效管理，认为一位管理者如果不能致力于使工作卓有成效，那么现实必将迫使他一事无成。但是在现实中，有些人的管理的确无效，因为他们会遇到一些现实问题，使他们的工作难以取得成果。管理者必须面对四类非本人所能控制的现实难题：①管理者的时间往往只属于别人，不属于自己；②管理者往往被迫忙于"日常运作"；③处于组织中的管理者，只有当别人能够利用管理者的贡献时，其工作才有效；④处于组织内部的管理者，受到组织本身的局限的影响，难以认识、体验、控制外部的事情。

德鲁克认为：如果有效性只是人类的天赋，那么我们今天的文明即使尚能维持，也肯定是不堪一击的。人们管理的有效性是后天实践的结果，是后天可以学会的。卓有成效的管理者有一个共同点，那就是他们在实践中都要经历一段训练，这一训练使他们工作起来卓有成效。要成为卓有成效的管理者，必须在思想上养成以下五个习惯：①知道时间应该用在什么地方；②重视对外界的贡献，知道别人需要管理者的什么成就；③善于利用上下级、同事和自己的长处，善于抓住有利形势做应该做的事情；④集中精力用于少数重要的、可以产生成果的领域，按照工作的轻重缓急设定优先次序；⑤善于做出有效的决策。

2. 自我控制

自我控制意味着有更强烈的工作动机，想要有最好的表现，而不只是达标，因此会制定更高的绩效目标和更宏伟的愿景。

德鲁克之所以大力倡导自我控制，是因为自我控制在管理中具有很大的作用：有利于组织凝聚共同的愿景；能让个人充分发挥特长，调和个人目标和组织目标，使之达到基本统一；能让人们把追求共同福祉当作共同目标，以更严格、更精确和更有效的内部控制取代外部控制。总之，进行自我控制可以达到比目前大多数组织绩效标准还高的绩效。

3. 目标管理

目标管理是以目标为导向，使组织和个体有机结合，实现高绩效的一种管理方式，这种方式的主要思想有以下几个方面。

第一，组织要通过目标进行管理。组织首先要制定整体目标，然后各部门根据组织的整体目标来制定自己的目标，之后组织中的所有人员都围绕目标努力工作，最终以目标的实现程度作为业绩考核标准。

第二，每一部门的管理者都必须了解组织目标，并且有自己的明确目标，明确为了达到目标需要做出什么贡献。

第三，不仅要投注大量心力对目标进行管理，还要运用特殊工具进行管理，因为人们不会自发地追求共同目标。

第四，目标管理的关键是制定目标，要把组织宗旨和使命转化成各种目标，不能只是停留在良好的愿望和漂亮的警句的基础上。目标要强调团队合作和团队成果，而不是某个人的行为和成就。制定目标时要注意：目标必须具有可操作性，必须能够转化成为组织特定的和具体的工作，必须能够成为人们工作与获得成就的基础和动机；目标必须尽可能地专注于资源和工作力度；目标必须是多种的，而不是单一的；目标必须包括组织赖以生存的所有领域的目标。

德鲁克认为，目标管理最大的好处是便于自我控制，能够以自我控制的管理方式来取代强制式的管理，能使人们对工作产生兴趣，发现工作的价值，在工作中满足自我实现的需要，同时组织目标也就实现了。目标管理使得被管理者不再因为别人的命令而是因为工作的目标去做某件事情，被管理者不再只是听命行事，而是自己决定必须这么做，也就是以自由人的身份采取行动。由于目标管理将组织的需求转变为个人的目标，因此能确保经营绩效。目标管理适用于不同部门，也适用于不同规模的所有组织。

经验主义学派认为，目标管理能把"泰勒制"和"行为科学"有机地结合起来。目标管理提出之后，不断有学者丰富、完善、发展它，使它成为一个系统的理论体系。

四、现代管理理论的新发展

20世纪80年代以后，管理领域又出现了一些新的发展趋势，出现了多种管理思想，进而形成了一些新理论，如美国学者威廉·大内的Z理论、美国学者沙因的组织文化理论、美国学者迈克尔·波特的竞争战略理论、美国学者彼得·圣吉的学习型组织理论、美国学者威廉·戴明的质量管理理论等。由于这些管理理论的出现，人们认为又出现了一个管理理论的新发展阶段。这里主要介绍大内的Z理论、沙因的组织文化理论和戴明的质量管理理论。

（一）大内的 Z 理论

大内是加利福尼亚大学教授，在斯坦福大学获得企业管理硕士学位，在芝加哥大学获得博士学位。他选择了日本和美国的一些典型企业，对他们的管理模式进行了研究，并于1981年出版了《Z理论——美国企业界怎样迎接日本的挑战》，提出了一种新型管理理论，即Z理论。

20 世纪中后期，日本的生产率每年以较快的速度增长，而美国当时的生产率却几乎毫无增长。两国的工厂和设备在新旧程度之间已经缩小了差距，而生产率的差距仍在继续扩大。对此有很多解释，大内认为这些解释虽然都很有道理，但是没有一个让他完全满意。因为这些解释未能说明两国的企业在组织管理上的不同，他认为日本的管理方式及其背后的指导思想可能是最大原因，于是大内于 1973 年开始对日本公司的管理方式进行研究，同时把日式组织的管理模式与美式组织的管理模式进行了比较，具体见表 1-1 所示。

表 1-1　日美两国组织的管理模式对比

日式组织	美式组织
终身雇佣制	短期雇用制
缓慢的评估和升职过程	快速的评估和升职过程
非专门化的职业发展模式	专门化的职业发展模式
含蓄的控制机制	明明白白的控制机制
集体决策	个人决策
集体负责制	个人负责制
关注整体	关注局部

通过比较，大内发现，美国管理模式在每个重要方面恰恰是日本管理模式的对立面。美国应该从日本成功的经验中汲取有益的成分，而不应当单纯地进行模仿。

大内把日式组织称为 J 型组织，把美式组织称为 A 型组织。J 型组织是根据同质化的人群、稳定的社会关系和集体主义等条件而进行适当调整的结果，个人的行为紧密地啮合在一起；A 型组织是根据异质化人群、流动的社会关系和个人主义等条件自然调整的结果，人们相互之间的关系是非常脆弱的，而且很少发展出密切的关系。大内通过描述与比较日美组织的管理模式，最后提出了一个全新的概念，即 Z 型组织。他认为 Z 型组织是成功的管理模式，并阐述了这种组织的特点、成功原因及策略等，这便是 Z 理论。

大内在《Z 理论》一书中阐明了 Z 型组织的特点：

第一，倾向于终身雇佣制。成员的职业保证会使他们更加积极地关心组织利益。这是 J 型组织的特征。

第二，相对缓慢的评价和升级过程。对成员要经过较长时间的考验再作全面评价，并予以晋升，当然不会像 J 型组织那样等待 10 年之久。

第三，非专业化的经历道路。通过工作轮换制，培养适应各种工作环境的多专多能人才，这也是 J 型组织的特征。这种方法有效地产生了更多属于该组织所特有的技能，从而在设计、生产和分配过程中走向更密切的协调。

第四，寻求明确与含蓄控制的平衡。具有 A 型组织管理中的一些方式，诸如正式计划、目标管理等明确控制方法，同时也运用 J 型组织中的含蓄控制，即运用文化、价值观、信念、经验等来规定应该做的事情。

第五，集体决策与个人负责相结合。在做出重要决定时，采取集体研究与个人参与的协商制，最终取得真正一致的意见，即决策是集体做出的，但是最终要由一个人对这个决策负责。

第六，人与人之间是平等关系。员工虽然在不同的岗位上工作，但都是工作关系的自然组成部分，都是平等的，都保持相互友好、相互联系、相互关心的状态。平等主义是 Z 型组织的一个核心特点。

Z 理论认为，美国的管理人员差不多与日本的管理人员一样都想做出优异的成绩，但更加努力工作没有提高生产力。生产率增长不能单靠更辛苦的劳动，而应该通过管理方式的改变。为了解决这一问题，Z 理论认为，需要按照有效的方式使个人的行为协同一致，并从合作和长期的观点出发，向雇员提供激励机制，鼓励他们协同自己的行为。

Z 理论的中心议题就是通过一种管理模式，让每个人的努力都彼此协调起来，从而产生最高的效率。围绕这个中心议题，大内提出了 Z 理论的信任、微妙性和密切性三个重要原则：信任是使员工之间、部门之间、上下级之间保持相互信任；微妙性是根据各个员工之间的微妙关系进行工作组合；密切性是既要在家庭、邻里和俱乐部里培育人与人之间的密切性，还要在工作单位培育这种密切性。大内认为信任、微妙性和密切性是不可缺少的，如果缺少这三点，作为具有社会人特点的人就不能够获得成功。大内不仅强调了信任、微妙性和密切性的重要性，还强调了生产率与它们之间的关系。在 Z 型文化的氛围下，组织重视的是人而不是物，即使重视产品也是通过重视那些生产产品的人来具体体现的。在 Z 型文化中，信任是核心。在适切的工作与亲密的人际关系基础上建立起来的相互信任原则，是 Z 型组织取得成功的重要保障。

大内认为组织可以改变已有的生产效率不高的状态，可以走向成功的Z型组织，但是这需要一个过程，从A型组织到Z型组织有十三个步骤，依次为：了解Z型组织和你扮演的角色；审查公司的哲学观；确定适当的管理哲学并让公司的领导参与；哲学观的实现靠的是搭建结构和提供动力；培养人际交往的能力；自己检验和系统检验；让工会参与；稳定雇佣关系；确定缓慢的评估和升职制度；拓宽职业发展的道路；做好在基层实施变革的准备；选择从哪些方面实施参与式管理；提供发展整体文化关系的机会。

（二）沙因的组织文化理论

沙因是著名社会心理学家，也是组织心理学创始人，在组织心理、组织文化、职业生涯管理等方面都做出了重要贡献。他于1952年获得哈佛大学社会心理学博士学位，后来在美国麻省理工学院的斯隆管理学院从事教学与研究工作，其代表作有《组织文化与领导力》和《职业动力论》等。

《组织文化与领导力》一书问世，标志着组织文化学派创立。该书比较系统地提出了组织文化的理论，并在西方的组织理论中产生了一定的影响。

沙因是从组织中领导与文化的关系来阐述组织文化的重要性的。他认为，绝大多数人都生活在组织中，因此人们总得与组织打交道。然而人们在自己的组织生活中，却一直对许多观察到的或感知到的东西感到困惑。

在组织心理学和组织社会学的领域里，研究者已经发展出一系列可以用来理解组织中个人行为及组织自身构建途径的概念。然而，人们难以理解的是组织的原动力，这种原动力使得组织能够成长、变化、瓦解，而它又总是不为人们所知觉。

沙因认为，要理解组织生活，了解组织发展的原动力，就必须建立组织文化概念。沙因在《组织文化与领导力》这本书中提到的组织文化是指私营、公众、政府以及非营利组织的文化。他认为，一个群的文化可以定义为：一个群体在解决其外部适应性问题以及内部整合问题时习得的一种共享的基本假设模式，它在解决此类问题时被证明很有效，因此对于新成员来说，在涉及此类问题时这种假设模式是一种正确的感知、思考和感受的方式。按照沙因的观点，组织文化是由一些基本假设所构成的模式。这些假设是由某个团体在探索解决对外部环境的适应和内部统合问题这一过程中所发现、创造和形成的，被认为是理所当然、行之有效的运行模式。这些模式被当作解决问题时正确的感知、思考和感觉的方式教给新员工。

沙因认为组织文化具有四个特点：

一是稳定性。获得组织认同的文化的关键组织部分，将成为组织得以维系的稳定力量，而且不会轻易地被放弃。

二是深度性。文化往往是一个组织中最深层次的、无意识的部分，因此它更加不可触摸、更加不被注意到。

三是宽度性。文化一旦形成，便进入群体职能的所有方面，渗透并影响组织的方方面面。

四是整合性。文化将组织的各种不同要素，如惯例、气氛、价值观和行为等融合成为一个整体，并固化到更大的范围中、更深的层次上。

要对组织中的文化课题有深入的理解，就不仅要弄清楚组织中发生了什么，而且要区分出哪些对领导来说是更要紧的问题，哪些是不重要的。因为组织文化是领导培育的，领导的最有决定意义的功能就是创造一种文化。在必要时，这种创造可能是对原有文化的破坏或强化。人们在更仔细地研究组织领导和组织文化的关联时，就会发现这种关系如同钱币的两面，仅仅抓住一面是无法对整体有真正理解的。

沙因将组织文化分为三个层次：

第一层次是人造文化。这是可见的、可听的、可感觉到的现象，是文化的表层。这一层次的文化便于观察，但是很难解释。仅从人造成分推论深层次的文化假设是非常危险的。

第二层次是价值文化。这一层次反映人们信奉的理想、目标、信念、价值观等，即人们认为的"应当是什么"与"事实是什么"的区别。

第三层次是潜在文化。这一层次实际是无意识的信念和价值观，是一种理所当然的基本假设。基本假设往往是不可挑战和无须争论的，想要改变也是非常困难的。

沙因认为，任何组织的文化都可以在上述三个层次上进行研究。一个组织文化的本质在于潜在文化，但是在人造文化和价值文化层次上也可以体现出来。了解了潜在文化这一层次的文化，就可以相对容易地理解其他两个层次的文化，并可以适当处理它们之间的关系。

（三）戴明的质量管理理论

戴明生于美国艾奥瓦州，是著名的统计学家、质量管理专家，其代表作是《走出危机》。他因对世界质量管理做出卓越贡献而享誉全球。20世纪50年代，他应邀到日本讲学并对日本的质量管理进行指导，帮助日本企业界奠定良好的质量基础。

戴明认为质量来自管理，质量不好的重要原因是管理没有做好，因此要实施质量管理。提高质量不是一时的事情，而是长久的事情，质量管理要贯穿整个生产与服务的始终。戴明关于质量管理有很多独特的思想与方法，下面主要介绍两点。

1. 质量管理的 14 要点

戴明的重要贡献之一是提出了质量管理的 14 要点。他认为，要想确保产品和服务的质量，就要符合以下 14 要点：

第一，树立改进产品和服务的长久使命。

第二，强化管理责任，接受新的理念，直面未来挑战。

第三，通过生产确保质量，而不是依赖检查提高质量。

第四，废除"价低者得"的做法，着眼于服务与产品的质量。

第五，持续不断地改进生产和服务系统。

第六，做好人员培训工作。

第七，领导者要设法使人和物发挥更大的作用。

第八，消除使人不能安全、有效工作的恐惧。

第九，打破部门之间的壁垒。

第十，取消要求零缺陷和达到生产率新水平的口号、标语和数字目标。

第十一，取消工作标准及数字定额，代之以领导力。

第十二，消除人们获得自豪感的障碍。

第十三，开展强有力的教育和自我提高活动。

第十四，让人们都参与到组织的转型中来。

2.PDSA 循环

戴明赞成革新，他认为通过革新能够让人们享受工作乐趣，带给人们一种良好的环境，提高产品和服务质量。为此必须持续不断地、系统地学习，他提出了进行革新的 PDSA 循环学习过程流程，PDSA 即计划（plan）、执行（do）、研究（study）、行动（act）。

第一步，计划：人们头脑里有了变革与创新的想法，要把这种想法变成现实就要设计革新的计划，这是整个循环的初始步。

第二步，执行：落实革新计划，开始测试、比较、实验，最好是采取小规模的方式进行。

第三步，研究：研究革新结果与计划的期望是否相符，如果不相符，则要思考问题出在哪一步，是否需要回到起点重新再来，或者应该完善哪一步。

第四步，行动：经过上述几步后，要判断是完善前几步，还是放弃已有的革新，或者在不同环境或条件下再重复一次。

第三节　教育管理研究理论思维

教育管理研究理论思维范式是从事教育管理活动或教育管理研究的人或研究者在对教育管理现象或教育管理问题进行研究时，头脑中对于科学研究所秉持的共有的研究观念、研究方式、研究方法或研究程序、路径等的总称。对于教育管理研究理论思维范式而言，其主要特点在于：首先，教育管理研究理论思维范式是与从事教育管理研究的"科学共同体"联系在一起的，即教育管理研究理论思维范式反映的是从事教育管理研究的一类人对于理论研究中对于理论思维活动的共同看法、观点、观念、模式、方式、方法等，其群体性主要体现在教育管理范围内的研究者之中。其次，教育管理研究理论思维范式更多的是体现教育管理研究中在思维中反映出来的观念、方式、方法等构建起的对于教育管理理论思维的模式，这种模式更多的趋向于具有一定的条理性、逻辑性和系统性特征。最后，教育管理研究理论思维范式在教育管理研究中具有稳定性特征，即它在教育管理研究中是研究者共同遵循的一种理论研究观或研究模式，存在于"共同体"的内在思维观中，自觉地对科学研究起指导作用，头脑中一旦形成很难轻易改变。

一、教育管理研究理论思维的基础条件

对于教育管理研究理论思维的基础条件研究包括：教育管理研究理论思维的知识基础和教育管理研究理论思维的价值立场。

（一）教育管理研究理论思维的知识基础

哲学知识、教育管理知识和一般的知识不仅构成了教育管理研究理论思维的三大知识基础，也构成了教育管理研究理论思维的知识体系。教育管理研究理论思维的知识应该是在教育管理学科范围内，能够促使教育管理研究者在对教育管理的理论与实践认知的过程中形成系统、科学、全面的理论化体系。哲学知识、教育管理知识和相关的一般知识构成了教育管理研究的知识体系，教育管理研究理论思维的知识或许可以围绕这三个层面来进行完善与整合，它成了教育管理研究理论思维主要的知识来源。它要求研究者在教育管理的研究中不仅要具备一定的哲学基础，能够从本体论、认识论、价值论等方面来分析理论问题，还要以教育管理学科本身的知识作为自己的研究对象，研究教育管理学的知识，更不能忽视对于一般知识的学习和积累，三个层次的知识构成了教育管理研究理论思维的知识基础。以什么知识基础来对教育管理研究进行理论思维的问题，从两个层面对教育管理研究理论思维提出了知识要求，其一，从事教育管理研究的研究者本身所应该具备的知识或知识体系；其二，教育管理学科对从事教育管理研究的研究者所应该具备的知识或知识体系。只有研究主体和研究客体具备了相关的知识或知识体系才能在此基础上形成关于知识的理论思维，教育管理研究理论思维也只有具备了以上两个方面的条件，才能形成教育管理研究理论思维的知识基础。之所以这样理解这一问题，是由教育管理研究与理论思维的内在特殊联系所决定的。

1.思维（也包含理论思维）一直是传统哲学的研究对象

哲学与思维的发展相伴而生，有着密切的联系，因此，要想对理论思维有清晰的理解应借助哲学知识来思考要研究的问题，用哲学思维考察所要研究的对象，能够帮助我们在学科范围内进行科学思维。学界普遍认为，哲学思维和科学思维构成了理论思维的两大基本形态，而在科学研究中常常注重用哲学思维来思考科学问题成为科学研究的方法和途径，对于理论思维的研究也是如此。本体论问题、认识论问题、价值论问题构成了哲学知识主要的组成部分，它构筑了一个较完整的理论哲学体系，为科学研究提供了一种科学的方法。随着知识的不断积累，理论思维的不断深入，哲学思维介入科学思维的研究领域成了必要且可能，用哲学思维的知识成果来回答科学思维提出的问题成了迫切的要求，自然，哲学知识就成了科学研究所必须具备的基础知识之一。教育管理研究理论思维需要用哲学认识论知识来回答教育管理研究领域提出的科学问题，因此，构成了教育管理研究理论思维的知识基础之一。

2.教育管理知识构成了教育管理研究理论思维的核心

对教育管理进行理论思维，就是要在教育管理学科范围进行理性的认识和思考，进而才能形成理论成果，因此，这就需要研究者在进行教育管理的研究时首先要具备教育管理知识，其次要懂得教育管理知识，这是进行理论思维活动客观而必要的要求。只有具备且懂得教育管理知识，才能保证在对教育管理进行理论思维时的科学性和专业性。研究者围绕教育管理知识进行科学的研究，构成了整个理论思维活动主要内容，只有围绕教育管理知识进行思维活动才能在真正意义上形成具有科学性且学科特征明显的理论成果。有研究认为，对教育管理进行科学研究和理性的思维需要具备以下教育管理知识：教育管理学知识、教育行政学知识、教育政策学知识、教育法学知识、教育督导学知识、教育效能学知识、学校管理学知识、教育组织行为学知识、教育评价学知识、教育财政学知识、教育统计学知识等，除此之外，与教育管理知识相关的教育学知识、教育心理学知识、教育史知识、德育论知识等同样在教育管理研究时进行理论思维有着重要的作用。立足教育管理知识对教育管理进行研究是进行理论思维的核心内容。

3. 一般的知识成为教育管理研究理论思维的必要且充分的条件

研究表明，如果哲学知识从抽象的高度概括出教育管理研究所应该具备的理论高度，教育管理知识从专业的层面论证了教育管理研究所应该具备的理论的深度，那么，一般的知识则从普通的层面丰富和发展了教育管理进行理论思维时的知识储备，辅助教育管理研究进行理论思维活动时的知识视域。

它不仅能够弥补哲学知识和教育管理知识在进行理论思维时的知识欠缺，而且能够帮助研究者认识在进行教育管理研究时的知识"盲区"，开拓理论思维的视域边界，为更好地进行教育管理理论思维活动提供了更为丰富的知识成果，它是教育管理研究进行理论思维的有益补充。

（二）教育管理研究理论思维的价值立场

在教育管理研究中对于理论思维的价值考察，不仅追求的是教育管理研究理论思维到底是什么，应该是什么的问题，因为认识本体本身就是寻求它所存在的价值，更反映的是透过理论思维活动对教育管理进行的研究活动的最终目的，即通过理论思维活动对教育管理研究会产生何种作用，实际又是什么的问题。这最终会统一于教育管理研究理论思维到底追求什么的价值问题上来。教育管理研究理论思维追求的不仅是对教育管理进行认识，更重要的是通过认识活动实现对于教育管理理论认识的创新。这大体上反映出在教育管理研究中对于理论思维的价值立场存在两种不同的取向：理论取向和非理论取向（或称实践取向）。

以理论取向为主的教育管理研究，是一种把对理论的思维作为教育管理研究中主要思考的对象和内容的研究方式，这种研究主张在教育管理中偏向理论思维，通过理论的研究，建构理论体系，依靠理论来解决实践中的问题，以此来提高理论研究水平，改变教育管理实践状况的研究方式。以理论取向为主的教育管理研究把对教育管理基本理论的研究作为研究活动的重心，这些研究包括对教育管理学的产生和发展、教育管理研究对象、教育管理学科体系、教育管理研究方法、教育管理本身的理论研究、教育管理哲学、教育管理心理学研究等内容。例如，孙绵涛教授长期致力于教育管理理论的研究工作，为我国的教育管理理论研究的实践活动做出了自己的努力，不仅出版了一批有影响的理论著作，而且为教育管理理论体系的构建也做出了新的探索和尝试。著作方面，如《教育管理学》对中国主体教育管理理论学派的形成进行了有益探索和重大理论创新；《教育管理哲学——现代教育管理观引论》对于教育管理中重大的哲学观问题从教育管理本体观、价值观、实践观、质量观的角度进行了理论阐释；《教育管理原理》对教育管理的基本理论问题进行了研究；《教育行政学》对教育行政中的组织与运作、领导与效能的研究从组织、人事、工作、效能几个方面做出了理论探讨；《教育政策学》对教育管理政策的制定、执行、评价、分析等政策理论问题进行研究，构建了独特的理论体系；《西方当代教育管理理论流派》针对理论研究中典型的教育管理理论流派在国际的视野下做出了自己的理论概括和分析，为国外教育管理理论思想的介绍和引入，丰富我国的教育管理理论的知识论基础研究提供了很好的理论借鉴；《教育效能论》是较早的对于西方教育效能理论进行研究和引介，为我国教育管理效能的理论研究奠定了基础。以上著作构建了较为完整、系统的主体教育管理理论观的学科理论体系。

理论体系方面，孙绵涛教授通过自己对于教育管理学的认识和理解，创立了教育管理六论：教育管理学科论、教育管理活动论、教育管理体制论、教育管理机制论、教育管理观念论、教育管理人论，建立了独特的教育管理理论范畴及理论逻辑。这一理论体系的提出不仅对教育、教育管理领域的学科建设及改革问题有一定的价值，而且对其他社会科学和社会改革也会有一定的普适性。

以实践取向为主的教育管理研究，是一种把对实践活动作为教育管理研究中主要思考对象和内容的研究方式，这种研究主张在教育管理中偏向实践思维，面向教育实践活动，关注现实的教育活动现象，通过对现实教育实践的研究，为教育实践中出现的问题找到解决的途径和办法，从而改变教育管理实践状况的研究方式。以实践取向为主的教育管理研究较多地注重从微观的视角来对具体的教育管理问题进行研究，这些研究既有从宏观的层面对教育管理中在教育行政学、教育政策学、教育法学、教育督导学等方面出现的某一具体问题进行的研究，也有从微观的层面对学校管理中出现的问题进行的研究。其中不仅有从纵向角度研究教育管理的学前教育管理问题、小学和中学教育管理问题、高等教育管理问题等，也有从横向的角度研究教育管理的学校教学管理、学校德育管理、学校科研管理和学校后勤管理等出现的问题进行的研究等。例如高洪源教授的研究多是从实践的角度出发，对教育活动中出现的管理问题进行思考，用自己的研究回应实践提出的要求，用实践中出现的问题作为自身的研究对象，促进自身的研究活动，取得了丰硕的成果。在著作方面，如《学校战略管理》作者直接将其定位于面向实践应用，是对实践经验和教训的剖析、对应用规范和操作技能的陈述构成了本书的主体，通过对学校中校长战略管理行为的经验介绍和总结来"面向实践，说明实践；升华实践，服务实践"等。此外围绕教育活动中的学校、校长、班级、课程等具体方面的研究集中地体现了面向实践展开研究活动的特征，这反映在其相关的论文著述之中，如对于学校的研究有《如何创办特色学校》《中小学并校——政策与策略的再认识》《刍议私立学校服务对象合法权益的保护》《学校教育特色持续发展的机制》《试论提升学校组织的执行力》等，对于校长的研究有《校长应抓住根本角色》《对"校长职业化"说不》等，对于班级层面的研究有《班级管理要有利于学生个性的觉醒和发展》《小班教育——行政视角的思考》等，对于课程方面的具体研究有《课程和教学改革与学校建筑的发展》《设置和开展活动课程的几个问题》等，还有对于国外教育实践经验的介绍有《美国教育资源共享的经验及其启示——休斯的理论观点》《欧美学校微观政治研究的进展》等文章。从上述的著作和论文中大概可以窥见高洪源教授的研究趋向，那就是以面向实践应用为价值的取向，实际上这也是其自身对于学术追求的评价，"面向实践，说明实践；升华实践，服务实践"成为其对于教育管理研究学术理念的最恰当定位。再如萧宗六先生对于教育管理的研究，多是从教育教学的经验中对问题进行概括和提炼，其对于教育管理理论的认识也多是从经验而来，本质上说也是一种以实践取向为主的教育管理研究，萧宗六先生在认识教育管理学时认为"像《学校管理学》这样实践性很强的应用科学，要体现中国特色，对学校管理实践起指导作用，必须从总结我国自己的管理经验入手，面对我国学校的实际，把经验条理化、系统化，上升为理论"。上述的认识反映了萧宗六先生对于教育管理学学科性质的认识和对于教育管理学研究的价值取向的看法，那就是一方面教育管理学是一门应用学科，在教育活动中实践性很强，另一方面教育管理的研究要从总结我国的管理经验入手，把经验的总结上升为系统、科学的体系才能形成教育管理的理论。尽管萧宗六先生的研究多是从经验而来，但无论怎样他还是对实践中的经验做了适当的概括，为我国教育管理学的发展做出了适当的贡献，其主张面向实践的思维活动值得肯定。从学者们对于学术的认识和研究活动中简单可以看出，面向实践的思维在我国的教育管理研究中一直受到高度的重视和提倡，需要我们继承和发扬。在我国，以实践取向为主的教育管理研究学者还有很多，这里不再一一列举。

二、教育管理研究理论思维的内容

长期以来对于理论思维本身的研究一直是学者们不断探索而又没能彻底论证清楚的一个问题，学界也存在着不同的研究结论，足见其对于本身的研究存在着较大的难度。与此相对应的是，把教育管理对于理论思维对象的研究作为内容来考察则使这一命题显得浅显、直观且容易把握，而教育管理研究理论思维对象是可以被研究的，就使得教育管理研究理论思维的内容较易被把握且具有可操作性，能够更加清晰地凸显"教育管理研究理论思维的内容"这一命题的内容。因此，这里主张把教育管理研究的对象作为理论思维的内容而不是研究理论思维本身。

理论思维的内容是理论思维研究什么的问题，教育管理研究理论思维的内容就是教育管理研究中理论思维研究什么的问题，它既是教育管理研究理论思维的对象，也是教育管理理论思维要研究的内容。学者们认为教育管理研究中关于教育管理的活动、教育管理的现象、教育管理的问题、教育管理的过程、教育管理的特殊矛盾、教育管理的规律等方面构成了教育管理要研究的内容。教育管理研究理论思维的内容来自教育管理的实践，是研究的主体通过实践中出现的问题来对教育管理进行理论化思维。教育管理研究理论思维的内容决定着对其进行理论思维的水平程度和理论化思维的范围边界，是教育管理研究思维主体进行思维的客观性基础。研究者从不同的视角出发来构筑教育管理研究需要理论思维的内容，就本研究而言，研究教育管理现象，揭示教育管理规律是教育管理所要进行理论思维的对象，也可以成为教育管理理论思维的内容。

如果说教育管理理论思维的内容是研究教育管理现象和教育管理规律，那么，它是否可以成为教育管理研究理论思维的内容呢？答案是肯定的。首先，教育管理现象是教育管理形态中客观存在的，需要认真地研究。教育管理的研究者认为，在当前的教育管理中存在着诸如教育管理矛盾、教育管理问题、教育管理活动、教育管理过程、教育管理现象等形态，这些形态的存在，既是教育管理实践中已经出现的一种客观存在物，又是教育管理理论研究中所要思考和解决的问题，因为只有从理论层面弄清楚教育管理实践中业已存在的客观形态，才能真正地为教育管理实践活动提供指导和参考，为教育管理实践提供理论帮助，教育管理现象是教育管理实践中的一种客观形态，需要运用科学的手段对其进行认真的研究。其次，教育管理现象有其特定的范畴和内在逻辑关系，需要教育管理研究者将其作为一种科学的研究对象来进行系统的研究。在教育管理的研究中，研究者大都承认有教育管理现象的存在，也以不同的形式宣称自己对于教育管理现象的主张，然而在实际的研究中大都说得比较模糊，甚至有学者承认教育管理现象的存在但却没能真正弄清或解释清楚何谓教育管理现象，教育管理现象真的是说不清道不明的吗？在这方面，孙绵涛教授做出了尝试和努力，他认为教育管理现象是由教育管理活动、教育管理体制、教育管理机制、教育管理观念构成的范畴体系，并且这些范畴间存在着内在的逻辑应然关系，这使得对于教育管理现象的研究成了一个具有系统结构和内在逻辑联系的科学体系，使得研究者较容易地理解和把握教育管理现象这一概念。但是，教育管理现象的研究不能停留在单一个人的学术讨论之中，需要把教育管理现象作为教育管理理论思维的内容来进行全面的研究。由于教育管理现象存在自身研究的复杂性，因此需要把其作为教育管理研究理论思维的内容深入地研究。很多研究者认为教育管理现象作为科学的概念范畴说起来较为模糊，研究起来不易把握，这是教育管理现象的复杂性所致。现在之所以出现这种认识现象，是因为对于教育管理现象的认识还不够彻底，没能深入地研究，这需要我们将其作为一项教育管理的理论思维内容进行持续的研究。

　　既然教育管理现象可以作为揭示教育管理规律的教育管理研究理论思维的内容，那么，教育管理研究理论思维的内容具体又是什么呢？这里认为，在教育管理的研究中，孙绵涛教授提出的教育管理现象理论可以成为当前解释教育管理现象的理论思维内容，他认为教育管理现象包括教育管理活动、教育管理体制、教育管理机制、教育管理观念四个基本范畴，那么，教育管理研究理论思维的内容就可以在以上几个范畴展开。教育管理现象的范畴体系可以成为分析教育管理研究理论思维的内容的一种途径。

　　教育管理研究理论思维的内容，不仅可以是对教育管理理论思维现象总体的思考，也可以是对教育管理理论思维现象中具体理论范畴的考察，还可以是对四个基本范畴的全面论证，可以是对单一范畴的认识活动。无论何种情况，它都构成了理论思维要思考的内容，都可能为揭示教育管理研究理论思维的规律提供帮助。

三、教育管理研究理论思维的方法

　　教育管理研究理论思维的方法是针对教育管理研究而采取的具体手段、步骤，它是对教育管理理论进行研究时的工具。这里认为，教育管理研究理论思维的方法具体表现为"两个阶段三个步骤"。

　　两个阶段是表象到抽象的阶段和抽象到具体的阶段，马克思在对一般理论思维发展道路的科学总结时指出，理论思维存在两条发展道路，"在第一条道路上，完整的表象蒸发为抽象的规定；在第二条道路上，抽象的规定在思维行程中导致具体的再现"。马克思所提及的这两条道路事实上就是思维发展所要经历的两个阶段，在教育管理的研究中，首先，研究者需要做的是占有大量感性材料，对教育管理中出现的现象或问题进行细致的认识，在全面搜集教育管理具体事实的基础上，对教育管理现象或教育管理出现的问题（或指感性的存在）进行分析，排除个别的、偶然的、现象的因素，抽出本质的、必然的、一般的因素，找出一些有决定意义的、抽象的、一般的关系，最终抽象出简单的概念、判断、推理等，进而对抽象出的概念、判断、推理进行研究；其次，教育管理的研究者在思维的能动反应的推动下，能将从表象抽象出的本质的、必然的、一般的因素来规定个别的、偶然的、现象的因素，完成由抽象的概念、判断、推理向具体的概念、判断、推理的转化，再现具体对象的过程。

三个步骤是在教育管理研究思维的整个过程中，第一步，对教育管理研究中感性材料的把握，即事实材料的搜集；第二步，对教育管理研究中具体材料进行抽象，在头脑中形成概念、判断、推理；第三步，把头脑中抽象的概念、判断、推理运用到具体的教育管理研究实践中，形成对事实材料的具体再现。

简而言之，表象到抽象、抽象到具象的分析方法是理论思维活动的一般步骤，更是教育管理研究理论思维中所遵循的方式（方法）。它对指导我们的教育管理研究实践活动有着重要的方法论意义，对推动教育管理研究的发展，促进教育管理研究理论思维水平的提升有着积极的作用。

四、教育管理研究理论思维的表达形式

教育管理研究理论思维表达是借助教育管理研究思维方法的实践活动最终形成的成果、结论，把教育管理研究的思维活动内容以一定的形式直接展示出来，使得他人能够直观地明白、理解。一般情况下，思维的表达通过言语、文字、符号、工具等方式予以体现，这就使思维显得具体而易于理解。对于教育管理来说，研究中最终形成的成果构成了教育管理的理论，教育管理理论是教育管理研究思维的成果，教育管理研究理论思维的表达是通过对教育管理研究中的理论成果进行言语化的概括、文字化表述、符号化象征、工具化代替来实现。

具体而言，教育管理研究理论思维的表达形式有哪些呢？教育管理研究理论思维是对教育管理进行的理论思维，教育管理研究理论思维的表达是对教育管理理论体系的表达，实际上，教育管理研究理论思维的表达形式就是对教育管理理论体系的思维表达形式。我们借助孙绵涛教授对于理论及理论体系的理解，教育管理理论体系有广义和狭义之分，广义的教育管理理论体系既可以是指用语言文字对教育管理现象进行抽象而形成范畴逻辑的论文、著作和教材，或所形成人物形象等的文学作品所表达的教育管理的思想体系；还可以是指用音乐符号、文字、语言、线条、声音和音

响对教育管理现象进行抽象而形成某种旋律的音乐作品或形成的某种形象的影视作品和舞蹈艺术所表达的教育管理的思想体系；也可以是指用图案、色彩、文字符号对教育管理现象进行抽象而形成某种艺术形象或意境的美术作品所表达的教育管理的思想体系等。狭义的教育管理理论体系专指运用语言文字对教育管理现象进行抽象而形成的教育管理的思想体系。在这里广义的教育管理理论体系形成一种非理论表达形式，狭义的教育管理理论体系形成了一种理论表达形式。因此，教育管理研究理论思维的表达形式是对教育管理理论体系进行思维后的理论化表达形式，那么自然也就存在着广义和狭义之分，就本研究而言，是从狭义的角度来理解教育管理的理论体系，所以教育管理研究理论思维一方面指的就是用范畴的逻辑而形成的论文、著作和教材等所表达的教育管理思想的理论体系，另一方面指的是直接用语言文字塑造某种形象或描述现象或分析问题而形成的文学作品所表达的教育管理思想的理论体系的表达，实际上，前者可以被简单地表述为由概念组成的范畴所形成的理论表达形式，后者则可以被通俗地理解为是一种非概念的理论表达形式。

五、教育管理研究理论思维各范畴间的逻辑关系

教育管理研究理论思维既是一种对教育管理的研究行为，又是一种对教育管理的理论思维活动，无论是何种类型都有着一定的逻辑关系，探讨教育管理研究理论思维的内部逻辑关系，有助于更好地认识教育管理研究理论思维。

（一）教育管理研究理论思维的应然逻辑

教育管理研究理论思维是一种对教育管理知识和内容的理论化思维，创建科学的理论一般认为存在三个环节：逻辑起点、逻辑中介与逻辑终点。所谓逻辑起点，就是研究中理论体系最一般的规定性，体现为抽象的规定，是理论思维活动中最一般、最本质的范畴。抽象的规定作为理论思维的逻辑起点是因为对于基点的抽象而言，其抽象的程度越高，它所承载的信息容量就越大，在从抽象上升到具体的过程中，就可能发展出越来越丰富、越来越具体的内容。这里认为，教育管理研究理论思维的起点源于教育管

理研究方法论的差异，之所以得出这样的结论是因为教育管理的研究中，研究者首先是对研究对象的选择，要想对其展开研究就要对研究对象进行分析确定其相关的性质、属性，之后才能依据不同的性质种差选择研究的方法。不同的方法构成了关于相关研究的方法论，方法论既指导研究实践活动的开展，又支配理论思维活动的进行，因此，教育管理研究中的方法论成了逻辑思维的起点。

所谓逻辑中介是沟通逻辑起点和逻辑终点的工具桥梁。逻辑中介既需要把具体的事物进行思维上的抽象，又需要把抽象的东西进行加工转换为形象的事物。在这里逻辑的中介包含了两个方面的内容，一是作为逻辑思维的物质中介，即研究者的大脑，二是逻辑的功能转换中介，即研究者大脑中的思维活动。教育管理研究思维的逻辑中介，除了上述介绍的两种方式外，还有一种在理论活动中较为明显且相对重要的中介工具，那就是对教育管理进行研究的实践中介，即教育管理研究方法。教育管理研究方法沟通教育管理研究思维与教育管理研究活动。逻辑终点是完成思维的认识活动，达到认识客体目的的最终归宿。对于理论思维来说就是完成对于事物从具象到抽象再到形象（具象）的这样一个完整的思维周期活动过程，这是形成科学理论的否定之否定的辩证发展过程，是思维主体运用思维将感性经验转化成科学理论的一般过程。这种逻辑关系应该是理论思维的主体认识教育管理的一种理想的理论逻辑状态。

（二）教育管理研究理论思维的实然逻辑

实然逻辑关系是从教育管理研究实际的思维状态出发的认识活动。一般在实然逻辑中具有复杂性特征，现实的教育管理研究思维活动或理论思维活动主要取决于研究者个体的实际思维状况，由于研究主体知识的差异、价值取向的不同、思维观念的不统一性等因素，对于教育管理研究思维的出发点或研究趋向从一开始的理论研究活动就不一样，因此不同的研究主体间有着不同的理论思维状态。

所以，根据相关的实际研究状况，把教育管理研究理论思维范式划分为教育管理研究理论思维的基础条件、教育管理研究理论思维的内容、教育管理研究理论思维方式（方法）、教育管理研究理论思维表达形式等范畴，就决定了这里对于教育管理研究的实际情况是在以上范畴内进行讨论。孙绵涛教授曾经在讨论范畴这一概念时指出，范畴间的逻辑关系存在两种主要形式：一种是递进关系，另一种是对应关系。由于教育管理研究理论思维的特殊性和复杂性，教育管理研究理论思维的实然逻辑状态表现出递进与对应兼而有之的状况。一方面，教育管理研究理论思维的递进关系反映了教育管理研究理论思维的递进活动规律。从教育管理研究理论思维活动过程上分析，首先教育管理研究的主体依据自身的知识基础和思维状况与价值立场的相互交互活动，使得在研究主体形成了一定的教育管理研究理论思维所要具备的条件基础。教育管理研究者具备的这些基础为教育管理研究理论思维内容的顺利研究和展开提供了一种可能，在教育管理研究思维方法的辅助下，可以完成对教育管理研究思维内容的研究。这种对教育管理研究进行的思维体现的是一种递进式的发展关系。另一方面，我们可以看出，在思维层面来考察，教育管理研究理论思维的基础条件、内容、方法、形式表达等是思维活动中相互独立、单独存在的不同要素，它们构成了思维完整的体系。教育管理研究理论思维中存在的这些范畴，每一项都可以独立作为反映教育管理研究思维内涵属性的内容存在，既反映教育管理理论又反映教育管理研究理论思维，既反映教育管理研究理论思维的路径又反映教育管理研究理论思维的结构。

第四节　以人为本的教育管理理念

一、以人为本的理念

随着我国社会主义市场经济的发展，以及改革开放的不断深入，为了保持稳定的发展状态，提出了"以人为本"的科学发展观，将"以人为本"作为发展的指导思想。此后，这一理念对我国社会、经济及文化的进步产生了深远的影响。这里要相对"以人为本"理念在教育实践中的应用展开系统的研究，首先就需要对其内涵有一定的了解。

（一）以人为本的理念

1.思想内涵

从根本上来看，以人为本的理念最早可以追溯到古希腊时期，也就是公元前五世纪，古希腊著名的哲学家普罗泰戈拉提出"人是万物的尺度"的命题。该命题的含义可以理解为：人既是存在者存在的尺度，同时也是不存在者不存在的尺度。

近年来，国内外学者对以人为本的理念展开了十分丰富的研究，并且取得了显著的研究成果。我国学者在《以人为本的理论价值与实践意义》中站在马克思主义哲学的高度，对"以人为本"的理论价值及实践意义展开了深入的分析，并且对两者进行了系统的比较，得出的结论具有很高的科学性。另外，在《西方人本主义的传统与马克思的"以人为本"的思想》中结合国内外学者对以人为本理念的研究成果，对"以人为本"的哲学意义展开了探究。

2.科学内涵

事实上，无论是国内还是国外，以人为本理念的出现都是强调人本身的重要性，要求人们将这种理念来进行一系列社会活动。纵观我国各界学者对以人为本理念的种种解读，结合这里的探究重点，将以人为本的理念的含义归纳为以下几个：第一，以人为本理念高度肯定了人在社会发展中的重要地位。该理念将人作为核心，认为人在社会发展中起到了关键的作用。第二，以人为本理念属于一种价值取向，重在强调对人的尊重、塑造和解放。第三，以人为本理念属于一种特殊的思维方式，要求人们在分析问题、思考问题和解决问题的过程中，高度重视人的生活世界，对人的发展予以全面的关怀。

从更加详细的视角分析，以人为本的理念还有三个方面的深层含义：其一，现代社会的发展应当是一种"以人为本"的发展，不应该只将物质和经济作为发展的重点，更应该重视对人本身需求的分析；其二，理想社会的发展应该将大多数人的发展放在首要位置，不能片面地关注少数人的发展；第三，社会的发展应该以具有平等权利的个体为根本。实际上，社会本身就是由很多具有平等权利的个体共同构成的，政府及国家应该切实保护所有社会成员的基本权利及合理利益。

（二）以人为本的管理理念

1. 形成

以人为本管理理念的形成并非一朝一夕实现的，其经历了一个较为漫长的过程。在此过程中，关于人性假设的发展经历了"经济人""社会人""自我实现人""复杂人"四种人性假设。可以看出，这些反映了西方管理学界对人性认识不断深化的演进过程，揭示了人的各方面的社会心理需求对管理的影响，以及管理方式对人的影响。从人性假设的发展趋势来看，其越来越重视人性，这本质上就是一种伦理观，从人性假设理论逐渐向人本伦理靠拢。人本伦理——现代管理伦理中的一种新的理念，而现代企事业中的人本管理是人本伦理在现代企事业伦理管理中的具体表现，人本管理的一项依据便是人本伦理。以人为本是现代管理伦理的核心，人本管理把人作为最根本的组成要素，主张人既是实现组织目标的工具，更是组织发展的目的。在这里，人既是目标，更是手段。为此，组织必须充分尊重人、塑造人、培养人，给个人的发展提供广阔的天地。而以人为本又是人本管理的核心理念，在现代管理中有着举足轻重的意义。

2. 内涵

结合诸多专家学者的研究结论来看，以人为本管理理念包括两方面基本含义：一方面，以人为本的管理理念强调人在管理中的主导作用，并以此来调动人的主动性、创造性及积极性；另一方面，以人为本管理理念认为将以人为本贯彻到管理活动当中将有助于实现组织的高效运转，进一步锻炼人的智力、技能、脑力及体系，并培养出更符合时代需求的全能型人才。具体来说，以人为本管理理念包括以下五个重要的内容。

（1）对人予以高度的尊重

从以人为本管理理念的内涵来看，尊重人是实现以人为本管理的基础和前提。马斯洛需要层次说也强调，人的需求主要有五个层次，其中尊重需要是最为关键的。一般来说，所谓尊重人实际上就是对人的思想、价值、需要及情感等方面予以高度的关注，尊重人的平等权利和合理需求。

（2）对人予以高度的信任

以人为本管理理念认为对人的信任能够激发人的积极性，能够使人拥有更多的动力，进而提高工作效率。基于这一认识，企业的管理者应该关心员工，将员工的需求放在心上，并通过一系列有效的措施来满足员工的合理需要，使员工感受到企业的关怀，从而全身心地投入到工作当中。

（3）将实现人的全面发展作为管理的关键

以人为本管理理念本身就将人作为管理的核心，认为对人的管理是实现以人为本管理的重点。

（4）将为人服务作为管理的根本任务和目标

无论对于哪一行业来说，为人服务都应该是管理的目标，企业或组织可以通过大量有效的管理措施来达成这一目标，为相关人员提供良好的管理服务，进而实现企业的稳定发展。

（5）将激励作为管理的主要渠道

激励是提高员工积极性，促进生产经营效率进一步提高的重要手段，因而对于以人为本管理理念来说，如何实现对员工的激励将成为企业管理中的重要内容。

（三）以人为本的教育管理理念

1. 内涵

将以人为本管理理念应用到教育实践之中，就形成了以人为本教育管理理念。结合以人为本管理理念的内涵来看，以人为本的教育管理理念要求坚持将尊重人、关心人、激励人、解放人和发展人作为目标来进行学校的种种管理活动，坚持将人作为管理的主体，全面地开发和利用学校的人力资源，促使学校的管理现状进一步好转，最终形成良好的校园管理体系。

2. 特征

强调人的重要性，将人作为管理的中心是以人为本教育管理理念最为显著的一个特征，这里的"人"其实是多元的，既包括管理者本身，也包括管理对象，也就是被管理者，所涉及的人包括校领导、学生、教职工、学生家长及相关的社会群众，这些人对教育管理的综合质量产生了很大的影响。另外，以人为本的教育管理理念还强调对人进一步发展的推动，认为促进人的发展是教育管理中的关键。

结合这一系列认识，这里将以人为本教育管理理念的特征总结为以下几点：

第一，以人为本教育管理理念从根源上改变了个人价值观的判断，提高了人在教育管理中的重要地位。

第二，在以人为本教育管理理念的作用下，学校原有的人事管理开始重视人力资源的开发，将发现人才、培养人才和利用人才作为当下人事管理工作中的重要任务。

第三，以人为本教育管理理念使得教育管理者自身的服务观念发生了一定的变化。时下，教育管理者在进行管理工作时，逐渐开始关注学生家长、社会各界对教育管理的要求，并采取积极的措施满足合理的要求，以此达到学校教育管理的满意度，推动学校的进步与发展。

第四，以人为本教育管理理念将学校的发展目标与教职工发展目标很好地结合在一起，有助于营造良好的教学氛围，进而提高教职工的工作积极性。

第五，在以人为本教育理念的影响之下，学校真正实现了发展人的目标，在提高教学管理质量的同时，也能够促进学校综合竞争力的提高。

第二章 教学管理的基本原理和原则

第一节 教学过程的特点和规律

一、普通学校教学过程基本规律

普通学校教学过程从本质上来说是一种有组织的认识过程。在这过程中主要是通过知识的传递和掌握来促进学生身心发展的。由教师代表社会所提出的教学要求和学生原有的知识、能力和发展水平之间的矛盾是推动教学过程发展的动力。教学过程中其他矛盾都是在这样一个基本矛盾中派生出来的。例如，为了使学生实现知识的转化就要处理好教师、学生和教学内容的矛盾、教学内容和教学手段之间的矛盾、教师和学生之间的矛盾等。为了使传递和掌握教材的过程尽可能与促进学生发展的过程统一起来，这就要处理好知识体系的逻辑序列和学生心理发展序列之间的矛盾，学生已有发展水平和教材要求的发展水平之间的矛盾，等等。在这些矛盾关系中，认识的主体和客体、知识和发展、教和学这三对关系的矛盾运动是众多关系中的联结点。因此，决定教学过程的基本规律有以下三点。

（一）教学认识过程简约性的规律

在教学过程中，教师引导学生掌握知识的过程就是要把人类的认识成果转化为学生个体认识的过程。这一有组织的认识过程要以哲学的认识论为指导，但又有它本身的特点，它所要解决的主要是怎样把人类长期积累起来的基本认识最有效地转化到学生个体的认识中去，是研究在有限的学习期间怎样使学生的个体认识迅速提高到社会所要求的水平上来。因此，教学过程是人类总体认识和学生个体认识之间重要的联系环节和纽带。教学过程的这一功能特点就决定了它必然是一种简约的认识过程。学生在教学中的认识过程从认识的对象、认识的环境到认识的活动方面都有它本身的特点。

1. 学生认识的对象以系统的知识为主

在教学过程中，学生的认识对象主要是经过前人无数次实践总结的认识成果，即概括化了的知识体系，且一般都是以书本知识的形式体现出来。

2. 学生在教学过程中的认识活动在特定的教学环境中进行

教师根据教学的要求，借助于各种必要的教学设备、设施，运用各种专门制作的教具等手段，采用各种有效的教学方法所组织起来的这样一个特定的教学环境，使学生的认识具有较明确的指向性和较大的可控性，使他们有可能在规定的学习期限内获得预期的效果。

3. 教学过程中学生的认识活动具有特殊性

首先，由于学科知识是统一规定的，学生自己一般无权选择，因而学生一般不熟悉，甚至不感兴趣，为了发挥学生在认识过程中的主观能动性，教师就必须十分重视激发学生的学习动机。其次，由于学生的认识主要是高度提炼和概括了他人的认识成果，是间接经验，缺乏个人的亲身体验，学习后遗忘得快，这就要求重视知识的巩固和检查，并组织必要的实践活动以丰富学生的感性认识，加深对理性知识的理解。再次，由于教学过程中学生的认识有上述的特点，因而在他们的认识序列安排上也不应照搬人类一般的认识过程，而应根据学生的年龄特征和学科的性质不同而选择各种合理有效的序列。

（二）学生的发展以认知教材为基础的规律

1. 教学和发展是相互制约的

教学和发展各有自己活动的规律，因此两者之间不能等同，但它们之间又不是互不相关的。一方面，有系统、有组织的认知活动可以促进个体的发展，另一方面，发展又为实现教学任务提供了有利条件。因此，教学和发展是相互依存、相互影响的。

2. 教学中的发展要以教材为中介

教材中所反映的知识体系是人类在反复认识过程中所取得的最基本的认识成果，是人类智能活动的结晶，在教材中还凝聚了各种情感、意志、性格等精神的力量，因此，教材不仅具有智力的价值，而且还具有伦理的、美学的多方面教育的价值，对学生心理品质的发展具有较大的影响。

3. 教学中的发展必须通过有组织的认知活动才能实现

这种有组织的认知活动对学生的发展的影响有以下两个方面：首先，学生在学习教材时不仅是一种认知活动，而且不可避免地同时有各种心理活动的参与，如认知过程本身的心理活动——观察、思维、记忆、想象等；激发认知活动的各种心理活动——注意、情感、意志等。其次，学生的任何一种认知活动不仅有心理活动的参与，而且还有生理活动的参与，比如环境对大脑的刺激、促进和改善大脑的物质形态、学生阅读时眼神经和眼部肌肉处于紧张状态、阅读时的姿势是否正确同样对身体的发展有一定的影响。

（三）教和学相互依存的规律

教学是"教""学"双方共同组成的一种双边活动，在教学过程中教师和学生之间的关系是各种关系中最基本的一种关系。

在教学过程中，教和学相互依存的关系首先是建立在人类世代交替这一客观需求的基础上的。社会的延续和发展规律决定了下一代必须优质高效地去掌握前人的认识成果，这就离不开已知者的引导。教师和学生正是在这个基础上才结成了相互依存、不可分割的关系。在教学过程中，教和学最主要的是一种知识传递和转化的关系，而这种关系又集中体现在对教学内容的处理上。教学内容为知识的传递提供了可能，要将这些知识有效地传递，要求教师在深入了解教学对象，掌握学生知识结构层次以及学生学习活动规律的基础上充分运用各种有效的教学手段、教学方法去组织教学过程，使教和学的关系得到协调发展。另一方面，由于学生的学习并不是消极地受动于教师，而是要随着教师的教而做出积极的自我调整和控制的过程，这说明教与学的统一又是要以教师的教主动适应学生的学为前提，可以说，教师教的过程决定了知识信息传递的质量和速度，而学生学的过程又决定了知识信息内化的可能和限度。因此，教师教的过程和学生学的过程都是建立在人类世代交替这一客观需要基础上的一种相互依赖的辩证统一关系，只有这两方面辩证统一起来，才能使教学取得应有的效果。

教和学之间是互为影响的一种双向关系。在教学过程中，不仅教师教的活动对学生发生影响，而且学生的学习活动也在影响教师。教师要能把自己对环境的认识成果物化到学生身上，就必须善于把学生作为自己认识的客体，以不断提高对他们的认识和了解。在教学活动中，教师从学生中获得的反馈信息，一方面可以促进提高自己的专业水平、思想水平和教学能力，另一方面可使教学过程不断处于动态平衡。教师愈是主动地从学生的学习活动中去发现矛盾并及时合理地去加以调整，那么教和学的统一就愈是迅速，愈能取得教学相长的效果。这说明在教学过程中学生不断接受教师的影响，同时也不断影响教师。

二、高等学校教学过程的特殊规律

高等学校教学过程不同于普通学校教学过程，既是一种认识过程，又是一种实践过程，更准确地说是认识和实践统一的过程。因此高校教学过程除了具有普通教学过程的一般规律外，还有自己特殊的规律，包括传授知识与培养能力相统一的规律、教学与科研相统一的规律、认识与实践相统一的规律。

（一）传授知识与培养能力相统一的规律

高等学校教学不同于普通学校教学，普通学校的任务主要是向学生传授科学文化知识和基本技能，促进学生德智体基础素质全面发展，而高等学校的任务是培养直接服务于社会的各种专门人才，因此高等学校的教学必须按专业对学生进行定向培养，既要传授知识，又要培养学生的能力，使学生达到本专业当代的知识水平和能适应现代科学技术发展要求的智能水平。从高校教学过程的目的、任务特点来分析，传授知识与培养能力相统一实际上是现代高等学校教学过程的一个基本规律。

关于知识与能力相互依赖、相互制约的关系，理论界有广泛的研究，我们也曾经进行过专门的探讨。简单地说，能力即活动的本领，是在实践活动中形成和体现的，保证顺利完成活动的个体条件的综合，这些条件包括个体的智力水平及其拥有的知识、技能等基本因素。能力是在这些基本因素基础上综合发展的结果。

具体考察这些基本因素，知识是人们对客观事物的认识，是事物属性和联系的反映。就事物反映的深度而言，知识可分为感性知识和理性知识；就获得知识的途径来说，又可分为直接知识和间接知识；教学主要教给学生间接的、理性的知识，教给系统化的科学知识。知识的作用，体现在活动中就是起指导作用，是行动的向导和指南，是活动的定向工具。所谓无知必然无识，无知必然无能，知识是能力的首要因素。

技能是通过练习而形成的、顺利完成某种任务所必需的活动方式。根据构成技能的动作成分的不同形式，可以把技能区分为操作技能和心智技能。技能的形成与知识的掌握、智力的发展是密切相关的。技能表现为对一定知识的应用，技能的形成往往以一定的智力为前提；反之，技能的形成又为进一步获得知识、开展智力活动提供有利条件，知识的掌握、技能的形成、智力的发展是在教学过程中统一进行的。技能在活动中的作用，在于直接决定活动的方式，它所指向的是人怎样去活动，解决"怎么做"的问题，因而影响活动的过程。技能同样是完成活动不可缺少的条件。

智力是保证人们有效地认识客观事物的稳固的心理特点的综合，它集中表现在认识客观事物并做出一定反应的敏捷性、广阔性、深刻性与独立性方面。智力属于认识活动的范畴，是大脑功能的体现。人的大脑有感受、储存、判断、想象等功能，对应到智力的构成因素有观察力、注意力、记忆力、思维力、想象力，这些是智力构成的五种基本因素，在智力结构中，它们不是简单地机械求和，而是按一定的结构有机地综合。发展智力与掌握知识、形成技能是密切相关的，一方面，智力是在掌握知识、形成各种心智技能的过程中发展起来的，智力活动依靠知识、技能来认识事物，分析问题，解决矛盾，有了一定的知识技能，才有可能进行科学的思维创新，才能有效地发展智力。反过来，智力是获取知识、技能的工具，智力发展了，能更多、更深刻、更牢固地掌握知识、技能，也才能广泛地应用所学的知识、技能。智力在活动中处于核心地位，是活动顺利进行的动力。人们运用智力对外界环境进行探究、识别、推断，并采取一定行动作用于外界环境。智力把有关的知识、技能和活动对象结合在一起，经过大脑的分析与综合、抽象与概括，以及判断、推理的过程，然后才采取一定的行动，实现知识、技能及智力本身向能力的转化。

因此，掌握知识、形成技能、发展智力是紧密联系、不可分割的，知识、技能和智力在活动中形成了一个紧密的结合体，我们把这个结合体称作智能结构体。这个结合体具有多个要素和层次，并在不断发展变化。因此，智能结构体就是指一个人具有的知识、技能和智力所组成的多要素、多序列、多层次的动态综合体。教学活动通过传授系统的科学知识、培养基本技能、发展智力来形成学生的智能结构体。

能力作为智能结构体的综合效应，是通过结构体的多因素的有机综合形成的。这种综合不是一般的组合或总和，不是简单地把知识、技能、智力加在一起，而是它们一定的内容、一定的形式、一定的比例，通过一定的实践活动，锻炼形成的有机综合体。一个人如果没有知识、技能，或者智力水平低，不可能有很强的能力；反过来，仅有理论知识、技能和智力水平，如果没有通过实践来锻炼，也不可能将它们有机地组合起来，形成为实践服务的能力。所以知识、技能、智力只有在活动中有机结合，才能转化为能力。教学中的实践是特殊的实践，教学过程中根据知识传授与能力培养的统一要求，在传授一定知识技能的基础上，有计划进行针对性实践活动，使所学知识有效地转化为能力。

综上所述，知识、技能、智力是统一的，统一于智能结构体；知识、技能、智力与能力是统一的，统一于智能结构体的综合效应；在教学活动中有目的地传授知识与培养能力是统一的，统一于教学全过程。

（二）教学与科研相统一的规律

教学与科研相统一，或者说把科研纳入教学，是高等学校教学过程独有的规律和特点。

教学与科研相统一的规律，与传授知识与培养能力相统一的规律是相适应的。事实上，把科学研究引入教学过程，给学生创造了全面发展智能的环境和条件。学生通过参加科学研究，可以在教师的指导下，有选择地不受约束地努力学习所需要的理论知识，并且把已知理论同研究需要紧密结合，进行积极的思维。参加科学研究，能使学生得到构思、计划、设计、预测、实验、观察、抽象、概括等方面的综合训练，学生各方面的能力将处于积极的发展状态之中，自学能力也能在为完成研究任务而向理论和实际求教的过程中得到锻炼。学生不仅要向教师请教，而且要向书本、文献和社会实际学习，这就必然会接触大量的甚至是跨学科的知识，扩大了知识面。

（三）认识与实践相统一的规律

高等教育是培养专门人才的教育，专门人才的特点在于不只是要掌握基本理论知识，而且要能运用理论知识解决实际问题；不只是要掌握基础科学，而且要学习应用科学，以至工艺课程；要有独立工作的实际能力，包括科学研究能力、创造革新能力等。这些是与普通教育不同的，需要创造一定的活动条件和环境进行专门培养，这种活动条件和环境就是实践。认识与实践相统一是高等学校教学过程的一条特殊规律。

高等学校教学过程是认识和实践相统一的过程，主要表现在三个方面。

1. 教学中的认识过程伴随一系列实践活动的发生

作为一种认识过程，学生在教学过程中的认识活动，主要是在教师指导下，借助于书本知识、间接经验来实现的。这一特点潜伏着一些消极的因素，比如学生缺乏亲身实践体验、往往对知识的掌握不够巩固、理解不够深刻等。因此，为了理解巩固知识，必须进行练习、作业、实验、参观、调查等实践性教学环节。这类巩固、强化教学认识的实践性教学环节，称为认识过程的伴随性教学实践。因此，伴随性教学实践是与认识活动紧密结合、不可分离的。

2. **教学过程中独立地存在着以实践为主的教学组织形式**

教学过程中的实践并非总是用来巩固认识的实践环节，事实上，现代高等教育已把实践作为一种有效的、独立的教学组织形式，广泛运用于实际的教学活动中。具体说有三类。

（1）技能训练

高等学校专业教学中，许多专业有特殊的技能要求，如工科院校的某些器械、设备的操作，美术院校的书法、绘画，音乐院校的乐器操作，医科院校的针灸技术、军事院校的队列动作、武器操作等，都属于一种专门的技能技巧，这类技能技巧的教学训练主要是实践活动而非认识活动。

（2）实习、见习

实习、见习是在专业课程学完后专门安排的教学实践活动，其目的是使所学知识、技能和智力有效地向能力转化，即提高学生运用所学理论和技术解决实际问题的能力。这种实践不同于认识过程中的伴随性教学实践，因为这种实践的主要目的不是为了巩固知识，而是为了实现知识向能力的转化，最终是为了培养能力。

（3）科学研究

科学研究也是高等学校教学的一种独立形式，教学中科学研究的目的主要是培养学生的独立研究和创新能力，培养学生的科学精神、科学态度和科学方法，使学生具有高级专门人才所应当具有的素质和能力。尤其是高等学校的研究生教育，主要是通过参加科学研究来获得知识、培养能力。因此，科学研究是高等学校教学中最重要的实践活动之一。

技能训练、实习见习和科学研究是现代高等学校教学过程中三类不同的重要的实践活动，都是高等学校中相对独立的教学组织形式，这是高校教学过程区别于普通教学过程的最主要的特征。

3. **教学过程中存在着非教学性实践活动**

教学过程中除了上述两种教学实践外，还存在着许多非教学性实践活动，主要是思想品德和非智力因素的实践。思想品德的实践指教学过程中学生实际处理教师与学生之间、学生与学生之间、个人与集体之间等关系中必然表现出一定的思想觉悟和品德,换言之,以一定的思想品德去处理各种各样关系,也就是进行思想品德的实践;非智力因素的实践指学生在教学过程中实际处理学习中的问题、困难和各种关系时,锻炼和表现的兴趣、爱好、意志、情绪、气质、性格、态度、习惯等。思想品德和非智力因素的实践尽管不是教学活动的一个环节,但仍然是整个教学过程的一个组织成分,体现了教学过程的教育性和发展性特点。由于高等学校学生毕业后立即进入社会参加工作,因此,以什么样的思想品德和非智力因素以及知识能力去适应、处理工作和生活中的各种问题,应是高等学校教学的重要任务,这一点也是与普通学校的教学有所不同的。

综上所述,高等学校的教学过程中广泛存在着伴随性教学实践、独立性教学实践和非教学性实践等实践活动,伴随性教学实践是与教学认识活动密不可分的,独立性教学实践和非教学性实践是与认识活动有明显区别的,是高等学校教学过程的重要组成形式。因此,高校教学过程不仅是一个认识过程、一个实践过程,还是认识与实践相统一的过程。

第二节　教学管理的基本原理

一、系统协同原理

现代教学管理是由教学管理者、教学管理媒介、教学系统组成的一个特殊的管理系统,具有动态性、开放性、自组织等重要特征。为了有效实现现代教学管理的系统目标,必须对系统与环境、系统与子系统、系统内要素之间的广泛联系进行协同,形成最佳的系统环境、结构和运行机制,产生系统效益增值,扩大系统功能。这就是现代教学管理的系统协同原理。

教学管理以系统的形式存在,用系统的观点和方法进行管理,其实质就是进行系统协同。

教学管理是由教学管理者、教学管理媒介、教学管理对象即教学系统等要素构成的一个特殊的管理系统，教学管理系统是一个动态的、开放的复杂系统，是一个信息反馈系统，具有自组织特征。教学管理系统的实质就是用系统的观点和方法进行管理。所谓系统的观点，就是目的性观点、全局性观点和层次性观点，所谓系统的方法，就是系统分析方法。

因此，用系统的观点和方法进行管理，就是从系统的目的和整体出发，运用各种方法，协调系统内外各层次的事物联系，形成有序的系统结构，进而实现最佳的系统运行机制，产生系统效应增值，扩大系统功能。这就是管理系统协同的基本思想。

系统协同的具体内容包括外系统协同和内系统协同两大类。

（一）外系统协同

外系统协同指的是教学管理系统与自身以外的系统，既包括与政治、经济、科技、文化等校外社会系统的协同，也包括与校内的思想工作、行政管理工作、总务后勤工作等系统的协同。

1. 教学管理系统与校外系统的协同

教学管理系统是一个开放的系统，它不仅是学校系统的子系统，而且是社会系统的子系统，与社会系统有直接的联系。一方面，社会政治、经济、科技、文化等社会系统制约、影响着教学管理系统的存在和发展。例如，教学管理乃至整个学校管理的管理观念、管理体制、管理规章制度及管理方式方法，都要受到社会政治与文化环境的影响，而人才培养目标的规格、数量、教学内容、教学环境等都受经济、科技、文化的直接制约。另一方面，教学管理系统对政治、经济、科学文化等社会系统具有重大的反作用，即维护、巩固作用。这种反作用是通过教学管理系统的保证功能得以实现的。教学管理系统乃至学校管理系统，通过其保证功能，保证学校培养的人才规格、质量、数量和学校的科研学术成果，对社会政治、经济、科技文化起促进作用，因此，教学管理系统与社会政治、经济、科技、文化等社会系统是相互影响、相互作用的。为了保证这种相互影响、相互作用的性质和力的均衡，两者的协同是非常必要的。

2. 教学管理系统与校内外系统的协同

校内外系统主要指学校教育系统、学校管理系统、体育卫生管理系统、总务行政管理系统等属于教学管理系统外部的环境。学校教育系统、学校管理系统都是教学管理系统的母系统，母系统的整体优化有赖于所包含的子系统的首先优化，以及各个子系统间关系的优化。而关系的优化必须以协同为前提，即教学管理系统与体育卫生管理系统、总务行政管理系统之间必须协同。而各个子系统以及子系统之间关系的优化，也需要母系统为其提供整体优化的环境。整体的优化有利于其内部子系统以及子系统间的优化。可见二者相互依赖，相互促进。

教学管理系统与体育卫生管理系统、总务行政管理系统之间的协同属于学校管理系统内子系统之间的协同。教学管理系统与体育卫生管理系统、总务行政管理系统，虽然相对于学校管理、学校教育大系统来说都是各自相对独立的子系统，但是，它们之间相互影响、互为保证。教学管理系统在诸系统中处于中心地位，教学管理系统的正常运转是其他管理系统运行的基础，反过来，体育卫生管理系统、总务行政管理系统的良好运行为教学管理系统的运转创造条件，并促进系统的发展。所以，教学管理系统与其他管理系统的协同是必要的，只有协同，它们的互为保证作用才能得以充分发挥。

（二）内系统协同

内系统协同是指教学管理系统自身内部的协同，主要包括系统与要素的协同、系统内要素之间的协同、母与子系统协同等。

1. 系统与要素的协同

教学管理系统是由教学管理者、教学管理媒介、教学管理对象三要素组成的整体。系统的整体性观点指出，系统整体功能不仅取决于各要素部分的和，而且取决于要素之间的联系。但是，整体性观点并不否定要素部分对整体功能的贡献。具体地说，要素的有序结构可以增强要素间的效应，放大要素的功能，但是这种增强与放大是建立在要素性质基础上的，如果要素本身作用为零或负值，要发挥较强的系统功能就成了无米之炊。教学管理系统中，管理对象即教学系统，管理目标与教学目标是一致的，如果没有教学系统的基本功能，教学管理的功能就失去了依据。所以，要素是系统的基础，对系统整体起着重要的保证作用。反过来，系统整体的优化，又为要素的发展提供良好的环境，往往成为要素发展的压力和动力，因而系统又是要素的保证。教学管理实际上就是为教学系统创造良好的条件，促使教学系统正常运行。因此，系统与要素的协同是对系统整体性观点的补充、发展和完善。

2. 系统内要素之间的协同

教学管理系统内要素之间的协同，即教学管理者、教学管理媒介、教学系统之间的协同，是教学管理系统协同的主要内容。教学管理者、教学管理媒介、教学系统在教学管理系统内相互影响、相互制约，它们不同的联系构成教学管理系统的不同结构，产生不同的系统功能。教学管理正是通过要素间的协同形成有序结构而产生增值效应、放大系统功能的。

综上所述，一方面教学管理系统包括教学管理者、教学管理媒介、教学系统三个要素；另一方面教学管理实际上又是教学系统的重要成分。因此，教学管理与教学系统是相互渗透、相互制约的，教学管理与教学系统的协同是保证教学管理系统正常运转、有效发挥其功能的重要条件。这里从结构方面反映了现代教学管理系统协同原理的本质。

3. 母与子系统协同

母与子系统协同，指教学管理系统与其所包含的子系统的协同。教学管理系统可分为教学思想管理、专业管理、课程管理、教学质量管理、教师管理、学生管理、第二课堂管理等子系统，这些子系统相互关联，互为影响，共同构成了教学管理系统。教学管理系统相对于上述子系统是母系统或大系统，教学管理系统是否完善，功能发挥如何，主要取决于这些子系统本身是否完善，以及子系统间能否实现协同。反之，这些子系统也离不开教学管理系统这一大环境而存在，也受到这一大环境的影响。因此，它们的协同既是理论的要求，也是实践的需要。

二、教、学、管统一原理

教、学、管统一原理，指在教学管理系统中，教师、学生、管理人员虽然处于不同的角色，但其最终目的是一致的，因此应从系统目标出发，肯定教学管理在管理活动中的作用，调动三方积极性，为提高管理效益，实现系统目标做出贡献。

教、学、管统一原理主要内容表现在以下几个方面。

（一）目标统一性

目标统一性是教、学、管统一的前提。教学管理系统中，教、学、管的根本目标是统一的。首先，教学管理的目标与教学的目标是统一的，前者服从于后者。其次，教学系统中，教与学的目标是统一的，学习是为了掌握知识技能，发展智力能力，形成良好思想品德。最后，教是为学服务，教师因为学生而存在，而教学管理又是因为教学而存在，教学管理是为教学服务的。因此，教、学、管在根本目标上是一致的。

（二）教、学、管的独立性

教、学、管在目标上是统一的，但在具体作用方面又是相对独立的。正因为如此，教、学、管的统一才有其内容和价值。在教学及其管理活动中，教师是教学的组织领导者，在教学中起主导作用。学生是教学的承受者，是学习的主体。管理人员是教学的服务者，通过制订教学计划、确定教学要求、拟定教学大纲和协调教学过程，确保教学有目标、按计划实施。因此，在教学及其管理过程中，教、学、管有各自独立的地位，不可相互取代。

（三）教、学、管的关联性

教、学、管在具体作用上既是相对独立的，又是相互关联的。关联性为实现目标的统一提供了可能性。

教、学、管的关联性主要包括以下三个方面。

1. 教与管的关联性

在教学及其管理活动中，一方面，教师领导和组织教学，本身就是一种教学管理活动，教师是重要的管理者；另一方面，教师的领导和组织教学，是在学校教学计划、教学大纲的统一要求下进行的，即受到教学管理的统一制约，在具体教学过程中，教师的教学活动要接受管理人员的检查评价，经常听取管理人员的意见和建议，教学的效果、质量要经过全校统一考核、鉴定。

2. 教与学的关联性

教育对学生的领导就是运用一定的教学形式和方法，引导学员积极思维，掌握知识，发展智能，因此教师对学生学习起着重要的制约作用。学生对教师的反作用也是十分重要的，一方面学的状态、学的效果反馈给教师，有利于改进教学；另一方面，学生品德行为的成长进步也对教师有重要影响。

3. 学与管的关联性

管理人员对学生的作用是明显的，一方面，教务管理人员通过管理活动，如学籍管理、学风管理、第二课堂的组织指导等，建立良好的教学秩序，促进学生的学习；另一方面，一些专门的管理人员，其本身的思想行为，在教学及其管理过程中对学生也有很大影响，所谓管理育人其重要内容很大程度上就是对此而言的。学对管也有反作用，学的情况反馈给管理人员，便于改进管理；学生有时直接参与教学管理，如学生班级集体、学习小组活动等。因此，教、学、管在教学及其管理中的具体行为和作用具有关联性。

（四）调动积极性，发挥能动性，实现教、学、管统一

要实现教、学、管统一，首先，要使教、学、管三方人员明确系统整体目标和自己在实现整体目标中的重要地位和作用，明确自己的职责和工作意义，激发三方人员的自主精神。其次，在实践中采取有效措施，确保三方人员主人翁地位和主观能动性的发挥。

三、过程管理原理

过程管理原理是指教学管理在时间序列上表现为动态过程，教学管理过程是教学管理系统运行状态的表现形式。因此，教学管理过程的动态性是教学管理系统的运行特征。教学管理要从系统运行全过程的角度进行，确保实现有效的协调和控制。教学管理的过程管理原理主要内容包括以下几个方面。

（一）过程的分类

从教学管理的实践来看，教学管理过程可分为全期管理过程、学年管理过程、学期管理过程和职能操作过程四类，下面具体介绍前两类。

全期管理过程，是从学生在校的全期过程考虑，包括招生、入学、课程实施、毕业实习、毕业论文、毕业分配等教学和管理环节。这种过程观点把某一届学生作为确定的系统输入，在校全过程构成动态的教学及其管理系统，毕业分配就是对应的输出。因此便于从宏观上把握教学效果和人才质量。

学年管理过程，是从学校的一个学年教学工作考虑。学校工作具有周期性，主要表现之一是学年教学工作的周期性。学年教学及其管理工作也包括招生、入学、课程实施、毕业实习、毕业论文、毕业分配等环节，但这里招生、入学与毕业各环节所对应的学生是不同的，即毕业输出与入学输入是不对应的。

（二）过程的转化

教学管理系统的运行表现为动态过程，只要学校教学存在，这种过程就永远存在，这个意义上的教学管理过程称为一般过程。但任何过程都是以具体的过程存在的，具体过程指具体对象发展、灭亡的过程。教学管理的具体过程形式有全期管理过程、学年管理过程、学期管理过程、职能操作过程等。这些具体过程具有转化的性质，即在一个具体过程完结后，向与它有必然联系的过程过渡或者飞跃。过程转化规律是唯物辩证法的一个基本规律，教学管理过程也服从这一规律。

（三）过程的控制

所谓控制，就是使现实过程中存在的多种可能性变为有目的的一种现实性。过程与控制是相互依赖、密不可分的。一方面，任何过程都离不开控制，控制在过程中无处不在、无时不有，离开了控制就杂乱无章，无从认识。另一方面，控制又总离不开过程，离开过程，控制就失去赖以发挥作用的条件和对象，就难以实现控制的效能。因此，控制是过程的必然要求和结果。

第三节　教学管理的一般原则

一、科学性原则

科学性原则是指教学管理必须遵循教学的客观规律，运用先进的科学管理理论和方法技术进行管理，不断提高教学管理的水平。

科学性原则的具体要求包括以下三个方面。

（一）按照教学的客观规律进行管理

教学规律具有客观性，教学管理必须遵循教学规律，促进学生德智体诸方面生动活泼地全面发展。教学管理要根据教学过程的特点，运用现代管理理论和相关科学理论，探索建立教学管理的理论体系。教学管理的各项工作，如教学计划、大纲、规章制度等都是主观的东西，这些主观性的东西必须符合高等学校教学的客观规律，真正起到促进教学质量提高的作用。当然，就高等学校本身来说，由于学校的类型、专业设置、学生来源、教师结构、设备条件、管理水平、规模大小等方面存在着一定的差异，因此，各学校的教学管理工作，也还有一个结合各自的实际情况，具体分析、区别对待的问题，即要遵循各专业教学的特殊规律。

（二）要有科学的管理方法

长期以来，我们在教学管理实践中总结出了许多行之有效的管理方法，如计划管理的方法；制度管理的方法；分工协作的方法；调查研究的方法；深入抓点、以点带面的方法等。实践证明，这些方法对于提高教学管理效能都有一定的作用，有些甚至非常有效，在现代教学管理中应充分借鉴。随着管理科学的发展，现代管理理论和方法不断引进学校管理领域，使教学管理进入一个新的阶段。运用系统论、信息论、控制论等的一些原理和方法，结合教学工作特点，改进教学管理，已有不少进展。诸如建立封闭式的管理系统，形成有效的管理运动；建立信息反馈系统，及时准确地掌握情况，进行有效调节，及时消除工作中的漏洞；按照弹性原理，教学计划管理必须留有余地，保持一定的弹性，以便适应可能发生的变化，实现有效的动态管理；按照管理心理学的集体目标和个人目标统一、参与和认同、心理平衡等原则，协调各方面的关系，创造良好的人际关系气氛，充分调动各方面的积极性，以提高管理效能等。

（三）要有先进的管理手段

所谓先进的管理手段，就是运用现代科学技术进行管理。目前高等学校运用电子计算机辅助教学管理比较普遍，如用微机进行教学档案管理；处理教学信息；编排课程表；分配教学场地；进行成绩统计与分析；处理图书资料分类、书目、检索、阅览统计等，大大提高了教学管理的效率。今后，要进一步加强教学管理软件的研制，更大程度地发挥微机在教学管理中的作用，并充分利用校园网等新的设施完善教学管理信息系统。

二、整体性原则

整体性原则，要求管理者把教学工作视为整体，通盘规划，统一指挥，合理组合各个有关部门、各个层次、各种因素的力量，以达到最佳的管理效果。

贯彻整体性原则要注意做到：

第一，学校教学管理工作必须有整体规划和计划。学校管理者要根据国家教育法规和教育方针政策，遵照上级的有关指示，结合学校的具体情况，制订学校的教学工作长远规划和近期计划，提出学校教学工作的奋斗目标，用以统一和协调学校内部的各种因素。没有奋斗目标和计划，就不能进行有效的管理。

第二，在具体管理工作中，要求院校领导和管理人员首先要牢固树立整体观念，要把有利于实现整体目标作为考虑问题的出发点和行动的准绳，自觉地做到局部服从全局，部分服从整体，既要处理好教学管理系统内部诸因素的协调关系，又要处理好教学管理子系统与院校母系统及其他工作系统之间的关系。要从培养合格人才这一整体目标出发，科学地组织有关人力、物力、财力和时间，使之发挥最大效益。要善于把握工作的重点，及时解决影响实现整体目标的主要矛盾。

第三，合理设置职能机构，做到合理分工，密切协作。科学分工，就要建立岗位责任制，做到职责分明。各层管理各层的事，一级管理一级，一般不要越级指挥。在科学分工的前提下，各单位之间还要密切协作，互通信息，互相配合，使整个教学管理系统成为一个有机的整体。

三、民主性原则

民主性原则是指管理者要充分发扬民主，调动全校教职员工的积极性和创造性，发动和组织他们参与教学管理。要依靠群众的力量，特别是依靠教师管理教学工作。

贯彻民主性原则要做到如下几点：

第一，要切实保障教职员工的地位和权利，有效地培养学生自我管理的能力。教职员工既是教学管理的对象又是教学管理的主人。要保障他们行使审议教学规划等重大教学管理内容和措施，参与重大问题的讨论和决策和对教学管理工作提出批评与建议的权力。学生是学习的主体，教学管理者应重视培养他们自我管理的能力，组织他们参与学校和班级的管理活动。

第二，在调动全体教职员工积极性的基础上，坚定不移地依靠教师办学，是贯彻民主性原则的重要内容。依靠教师办学是学校管理的重要规律，更是教学管理的必须牢固树立的信念。管理者思想上必须明确教师在教学乃至整个学校中的重要地位和作用，通过加强思想工作，调动他们的积极性与创造性，充分发挥他们在教学工作中的主导作用。要研究教师的劳动特点和心理特点，根据这些特点采取适当的管理措施。要积极创造条件，为他们提供发挥智慧、才能和特长的机会，为他们开辟发表意见和建议的场所，争取全体教师对教学管理工作最大限度的参与和认同。

第三，贯彻民主性原则，关键的是领导者的民主作风。作为教学管理的领导者，必须深入群众，倾听他们的意见和反映。在工作中形成自己的智囊和骨干队伍，彼此之间在事业心、观点、人格乃至行为方式上互相认可，从而产生出信赖、关心、支持和主动帮助的行动。

四、激励性原则

激励性原则就是通过思想工作，以及必要的精神与物质鼓励，激发管理人员、教师和学生的热情，充分调动和发挥他们工作和学习的积极性、创造性，实现教学管理的目标。

贯彻激励性原则，要注意以下几点：

第一，加强思想工作和理想教育，激发人们的热情，要使全体教职员工充分认识学校教育在社会发展中的地位与作用，增强责任感和使命感。

第二，坚持以精神激励为主，精神激励与物质激励相结合。要善于用奖励的手段表彰先进，激发上进心，把人们的智力和潜力挖掘出来。要建立合理的竞争机制，敢于鼓励冒尖，对表现突出的优秀人物要给予荣誉，树为榜样。奖励要实事求是，不能干好干坏一个样，要确实起到表彰先进的作用，防止奖励不当而失去激励作用。

第三，学校各级领导要把对教师的信任和生活上的关怀有机结合起来，使他们能够心情舒畅地工作。要为他们创造良好的工作条件，解决生活上的后顾之忧，领导的关怀往往能成为下级工作的动力。

五、连续性原则

教育教学是一个连续的过程，无论是学生在高等学校的四年，还是学生整个的学习生活，都是一个不断递进发展的连续过程。前一阶段为后一阶段打基础，后一阶段是前一阶段的继续。因此，它要求教学管理上必须体现连续性的原则，要具有相对的稳定性，而不要人为地随意打乱或隔断这个连续的过程。

教学管理的连续性主要表现在：

第一，高等教育是在中学教育基础上进一步发展的专业教育。因此，高等学校教学管理必须充分考虑学生在中学阶段的教育情况，包括思想教育、自然科学教育、体育教育以及学生的心理状况、智能发展等。要在中学教育的基础上确立大学教育的起点及其过程。当然，由于各学校学生的来源、结构不同，学生的思想、专业基础和身体状况在不同学校之间可能有一定的差别。因此，各学校定期调查分析其新生入学的状况，并把这种状况向有关人员通报，按照实际情况调整教学安排，应当作为教学管理的一项重要工作。

第二，教学过程中，各个阶段、各门课程和各个教学环节之间也是一个有机联系的整体，在教学管理中必须注意教学过程的各个阶段、各课程和环节之间的衔接和连续。这种衔接和连续要求在教学管理上注意各个阶段、各门课程和各个环节在时间和空间的安排上有一个合理的程序。如先行课与后续课的配合、理论与实践的配合、校内与校外的配合等。

第三，要保持教学的连续性，必须保持教学的相对稳定性。在教学过程中，各个阶段的安排、课程的设置和环节的配合是否适当，往往需要通过后续课程和环节的检验，有时甚至要通过学生毕业后的实践检验才能看出哪些是合理的，哪些是需要调整的。因此，在教学管理中，对于计划的制订、课程的设置和教学环节的安排以及对这些方面的变更都要十分慎重，不能随意或经常变动，致使计划的执行失去连续性，得不到客观检验的信息反馈。

另外，从人才成长的全过程来说，在教学管理中还要看到培养人才是一个长周期的连续过程，学校培养人才的质量，最终要靠学生毕业后的实践去检验。因此，在教学管理中还要考虑高等教育长周期连续性的特点，注意经济和科学技术的长远发展，加强长远发展的预测，以提高教学管理工作的预测性。

六、反馈性原则

反馈就是由控制系统把信息输送出去，又把其作用结果返送回来，并对信息的再输出发生影响，起到控制的作用，以达到预定的目的。

应用反馈方法进行控制时，一般产生两种不同的效果：如果反馈使系统的输入对输出的影响增大，导致系统的运动加剧发散，这种反馈叫作正反馈；如果反馈使系统的输入对输出的影响减小，使系统偏离目标的运动收敛，趋向于稳定状态，这种反馈叫作负反馈。管理本身就是一种控制，现代化管理更是一项复杂的活动，因而反馈的意义就更大。有许多地方需要正反馈，两个单位开展竞赛，你追我赶，你强我要比你更强。但大量需要的还是那种为了缩小既定目标的差距的负反馈。在管理中，反馈的主要作用就是对所执行的前一个决策引起的客观变化及时做出应有的反应，并提出相应的新决策建议，对新决策的作声和执行实现预先控制。

七、教育性原则

教育性原则要求教学管理的每项工作、每项活动对学生起到教育的作用，要求教学管理系统中每个工作人员对学生的成长都要尽到教育的责任。

学校是培养人、教育人的场所。青少年可塑性大，模仿性强，所以学校的全体工作人员、全部工作和整个环境，每时每刻都在影响着学生，事事都有教育作用，教学管理工作更是如此。

教学管理贯彻教育性原则要注意做到：

第一，教学管理的一切措施和方法都应具有教育作用。教学管理的目的是促进实现培养目标，这就要求教学管理工作要符合教育规律，适应青少年身心发展的特点。教学管理的一切方法、措施和活动，都要把"育人"放在首位，凡是不利于教育，损害青少年身心健康的做法都应制止。

第二，言传身教是教学管理教育性的基本要求。榜样的力量是无穷的，学校全体工作人员包括教学管理人员的言行，时刻对学生起着潜移默化的影响，因此，领导和管理人员要为教师做出榜样，教师和全体管理人员要为学生做出榜样。要重视对教师的师德教育，开展为人师表的活动，要求每个教师既教书又育人。其他管理人员应立足于自己的工作岗位，加强对学生的思想品德教育，用自己的模范行动影响学生，实现管理育人。

第三，要创造有教育意义的教学和学习环境。教学管理要注意教学环境与设施的美化和规范化，整洁优美的校园和教学场地有助于陶冶学生的高尚情操，形成健康的审美观，培养热爱祖国、热爱生活的优良品质。

第三章 教育管理体制

第一节 教育办学体制

学校是现代教育的主体之一。由谁办学、如何办学、办学主体在办学过程中享有什么权利和需要履行什么义务等问题，是教育办学主体需要探讨的基本问题，也是教育管理体制改革需要研究的基本问题。

一、教育办学体制的含义

教育办学体制是指在遵守国家法律法规规定的原则下举办各级各类学校的组织制度。不同的社会主体举办的学校及其他教育机构构成整个国家的教育体系。办学体制规范了举办学校应当符合哪些基本要求，哪些社会主体可以举办学校，哪些行政部门具有审查、批准举办学校的权限等。办学体制作为一项规范举办学校的行为规则，规范着举办学校的基本条件、对办学主体的基本要求以及审批权限等方面的基本制度。

（一）举办学校的基本标准

《中华人民共和国教育法》第二十七条规定，设立学校及其他教育机构，必须具备四个基本条件：有组织机构和章程；有合格的教师；有符合规定标准的教学场所及设施、设备等；有必备的办学资金和稳定的经费来源。这些规定意味着，满足了上述基本条件的社会单位和公民个人都有权利向教育主管部门申请举办学校。

（二）学校的举办主体

《中华人民共和国宪法》第十九条规定："国家举办各种学校，普及初等义务教育，发展中等教育、职业教育和高等教育，并且发展学前教育。""国家鼓励集体经济组织、国家企业事业组织和其他社会力量依照法律规定举办各种教育事业。"，

《中华人民共和国教育法》第二十六条规定："国家制定教育发展规划，并举办学校及其他教育机构。国家鼓励企业事业组织、社会团体、其他社会组织及公民个人依法举办学校及其他教育机构。"

国家举办的学校及其他教育机构在整个教育体系中占据主导地位，国家办学主要表现为各级人民政府及其有关部门使用国家教育经费举办学校。对社会力量自筹资金举办学校的行为，国家在用地、税收、基本建设计划安排以及办学的审批与经费等方面给予必要和适当的帮助。对于社会力量举办的民办学校，根据《中华人民共和国民办教育促进法》的相关规定，国家实行"积极鼓励、大力支持、正确引导、依法管理的方针"。同时，民办教育事业是我国社会主义教育事业的组成部分，各级人民政府应当将民办教育事业纳入国民经济和社会发展规划，实现民办教育与公办教育的共同发展。民办学校与公办学校具有同等的法律地位，国家保障民办学校的办学自主权。

二、国外办学体制改革及其启示

目前，世界主要发达国家的办学体制是在 20 世纪 80 年代以市场化为主要趋势的世界性教育改革影响下形成的。办学体制和办学模式的改革是这次教育改革的核心内容，其主要特点是办学主体的多元化、办学形式的多样化和公立学校的私营化。在公立学校私营化趋势下产生了一系列的新型办学模式，这些新型办学模式的出现为我国的办学体制改革提供了参考。

（一）国外办学体制改革

1. 美国的新型学校

（1）磁石学校

磁石学校又称特色学校，即有吸引力的学校。磁石学校办学特点鲜明，针对儿童的特殊兴趣爱好，开设富有特色的课程。学生可以学习读、写、算等基本技能，也可以学习音乐、戏剧、电脑、法律及视觉艺术等；学校类型多样，如高智天才学校、外语学校、科技学校、艺术学校等。磁石学校没有学区和入学条件的限制，学生可以自愿申请入学，由电脑编班入学。

（2）家庭学校

家庭学校指适龄子女在家学习的一种学校模式。具备条件的家长可以向政府提出申请，通过一定的审批程序，其子女可以留在家中学习。这些条件包括：家长必须拥有高中或相当于高中的学历；授课时间每年不少于180天，有各种教学记录；传授的课程至少应包括国家核心课程；参加州一级的考试；等等。家庭学校教学、自学的途径和方式多种多样，美国各州为推动家庭学校各出其招。有美国教育界人士认为，政府有责任为家庭学校建立一套接受必要教育的保证体系，使学生无论在学科知识、动手能力还是在心理素质等方面都能全面发展。

（3）契约学校

契约学校是指民间私人公司和地方学区签约经营的学校。20世纪90年代，为回应教育私有化思潮，各种民间私人教育组织纷纷成立，这些公司与美国政府公立学校签约，根据合同承包校内特殊的服务项目，公立学校的这些服务项目在人员培训、人事管理、设备提供等方面单独所需的经费通常按合同由私营公司承担，这并不占用学校原有的公共教育经费。契约学校在减轻政府财政负担、提供高质量的服务、使学校管理更加科学化和制度化等方面做了一些有益尝试，对提高公立学校办学效率有所帮助。

（4）特许学校

特许学校是指由公立教育经费支持，由教师团体、社区组织、企业集团或教师个人申请开办并管理，在一定程度上独立于学区领导和管理的一种新型公立学校。特许学校在享受相当大的自主权的同时，也承担着相应的责任，办学者必须提出明确的办学目标，并与当地的教育管理部门签订合约，一旦不能完成合约要求，政府就有权终止合同。

美国政府支持、鼓励特许学校发展的主要目的在于进一步推动公立学校改革，使美国的各类学校真正形成一种相互竞争的氛围，给予广大家长为其子女选择合适公立学校的权利。那些创办特许学校的办学群体则是为了实现在传统的公立学校内不可实现的教育理念，并把其体现在学校的使命中。

2. 英国直接拨款公立学校

英国直接拨款公立学校是一种自治机构，它们独立经办学校，独立承担学校在招生、处置学校所有的合法财产、签订教职员雇佣合同等方面的责任；其办学经费由英国政府下拨，而不再由地方教育管理部门负责；其学校董事会必须包括 5 名家长董事、至少 1 名但不超过 2 名的教师董事以及若干名高级董事，从而加强了家长在学校董事会的权力和影响。

3. 德国卡塞尔改革学校

德国的卡塞尔改革学校是于 1988 年在卡塞尔市成立的完全实验学校。该学校的经费与人员编制均来自德国政府的保障，而学校的内部管理，如学校规范、制度（学校内的年级制度）等的制定皆由学校自主负责，其学校内部所有的改革计划与方案也皆来自学校内部的教师，或是校长的理念。德国卡塞尔改革学校申请入学的方式是以自由学区的方式接受学生的自愿申请，但学校拥有拒绝学生的权力。学校成立的目的在于强调儿童成长、生活与学习空间的结合，尊重个性与群性的发展，并倡导多元化的个人发展，以完成以学生为中心的全人教育。

4. 澳大利亚办学主体的多元化

澳大利亚的公立学校由各州政府投资创建，不得向学生收取任何费用，教育质量一般赶不上私立学校；私立学校大多由一些社会团体开办，除办学机构投资外，联邦政府给予一定的资助，还可以向学生收取学费。2000年以来，澳大利亚的私立学校越来越火爆，它们的办学条件优越，教师待遇高，校方十分在意自己的地位和声誉，教师尽心尽力，教学质量较高，备受中产及中产以上家庭的青睐。

（二）国外办学体制改革对我国办学体制改革的启示

1. 积极推进办学模式的多元化

公办民营是当前美国改革办学模式的主要措施，也是世界教育改革的趋势之一，学校模式多元化才能推动竞争，提高公立学校的教学效率和办学质量。近几年来，我国民间办学有所发展，鼓励民间参与办学、采用公办民营方式不但可以改善公立学校的办学条件，减轻政府负担，节省开支，更可以提高学校的竞争力，提高办学成效。

2. 给予学校更自主的发展空间

无论是磁石学校还是特许学校，教育行政机构都对其充分授权，给予学校独立自主的空间，推行由下至上的各种改革。给予学校更自主的发展空间，让学校在课程设置、人事、经费、资源配置等方面有足够的自主权，更有利于调动学校的办学积极性。

3. 注重绩效

绩效是学校生存发展的生命线。在竞争日益激烈、办学模式更加多样的今天，只有那些富有特色、成效显著的学校才能生存并得以持续发展。学校在获得相当程度自主权的同时，必须对学校的办学质量和学生的学业成绩负责。为了对绩效负责，学校要明确办学宗旨，建立符合实际的监控机制和办学标准，定期向政府和群众汇报办学情况，自觉接受监督。

4. 重视教育消费者权益

重视教育消费者的需求非常重要，让教育消费者拥有更多的自主权，最大限度地满足其对教育类型、特色、设施的选择将是今后学校改革的重点，教育消费者有权要求学校提供高质量的教育，也有权选择受教育的方式。

5. 积极优化学校发展的外部环境

办学体制改革同时受到政府和市场的双重制约。学校的办学活动既受到教育行政部门的约束，又受到教育市场充分竞争的激励。只有完善外部环境，学校才能规范办学，产生良好的办学效益。

三、我国办学体制的发展方向

我国现行办学体制在办学主体和办学模式多样化等方面取得了一些成就，但还不能完全满足经济社会发展和市场体制转变的现实需求，依然需要进一步深化改革。办学体制改革与发展的动力，来自两个方面：一是社会经济体制改革对教育体制变革提出的要求，即进一步多元化、赋予地方更大的自主权；二是教育自身改革与发展的需要。教育改革的最终目标是提供数量充足、质量优异的教育服务，这就需要充分发挥政府的公共服务功能。

（一）进一步明确政府举办教育的主要职责

教育的改革与发展离不开政府的支持。进行办学体制改革，首先要明确政府举办教育的主要职责，坚持教育的公益性这一基本原则。通过办学体制改革，要健全政府主导、社会参与、办学主体多元、办学形式多样、充满生机活力的办学体制，形成以政府办学为主、全社会积极参与、公办教育和民办教育共同发展的教育格局，并进一步激发教育活力，满足人民群众多层次、多样化的教育需求。

（二）继续推动办学体制的多元化发展

公办学校的办学体制还需进一步发展，即通过立法手段和财政手段，积极鼓励支持行业组织、企业及公民个人等社会力量参与公办学校办学，如通过联合办学、学校委托管理等形式，拓展优质教育资源，增强办学活力，提高办学效益。依法落实民办学校、学生、教师与公办学校、学生、教师平等的法律地位，支持民办学校提高教育质量、办出特色，为各级各类学校创设公平竞争、共同发展的环境。

第二节　学校内部管理体制

学校内部管理体制是指学校组织机构的设置及其职责权限划分的体系和制度安排，主要包括领导、教学、德育、人事等方面的管理规范及实施机制。学校内部管理体制的完善是保障学校良性发展与提高办学效能的前提。本节主要探讨校长负责制、教师聘任制、岗位绩效工资制等。

一、中小学校长负责制

（一）校长负责制的含义

我国公办中小学实行校长负责制的领导体制。校长负责制指在上级教育行政部门领导下，校长全面负责学校的日常教育教学和科研活动，校长对外代表学校，是学校的法人代表，对内部各项工作具有决策权、指挥权、人事权和财务权。具体包括：学校在校长的领导下承担贯彻国家的教育方针，执行国家教育教学标准，保证教育教学质量，维护受教育者、教师及其他职工的合法权益；学校在校长的领导下依照办学章程自主管理，组织实施教育教学活动，招生并对学生进行学籍管理、实施奖励或处分，对学生的学业成绩进行评定并颁发相应的学业证书，聘任学校教职工并实施奖惩，管理、使用本校的设施和经费；学校在校长的领导下根据国家法律法规的规定，组织以教师为主的教职工代表大会等多种民主管理形式，充分发挥教职工的工作积极性，使全体教职工民主参与学校的管理，对学校工作进行监督，真正成为学校的主人。

（二）我国的中小学校长负责制

依据我国教育法律法规的规定，我国的中小学校长负责制主要包括校长全面负责、党组织保证监督和教职工民主参与管理三个方面。

1. 校长全面负责

校长对学校的管理承担全面责任。校长是学校的法人代表，根据相关的规定行使职权，履行职责，并对外代表学校。学校的教学和内部行政管理工作，由校长负责。具体来说，校长对学校工作全面负责所行使的权力主要包括决策指挥权、干部任免权、教职工奖惩权和学校财经权等。

决策指挥权指在国家各项教育法律法规的范围内，校长有权对学校开展的教学工作、思想道德教育工作和日常管理工作进行决策和统一指挥。干部任免权指在听取教职工意见并经党组织考察的基础上，校长可以提名任免学校的副校长、教学主任、教导主任等学校中层干部，并报上级教育行政部门备案批准。教职工奖惩权指校长可以根据教育法规、政策以及学校各项规章制度，并听取党组织和工会的意见，依据工作成效对教职工进行奖惩。学校财经权指校长根据国家财经法规，可以合理支配与使用学校经费、设施及其他财产。当然，校长负责制不是校长独裁制，校长在行使上述四方面权力的过程中必须听取教职工的意见和建议，发挥党组织的监督保证作用，实行教职工民主参与管理。校长负责制还意味着，在行使上述权力的同时，校长也要承担相应的决策失误、管理不当的责任，实现权力和责任的对等。

2. 党组织保证监督

在校长全面负责学校工作的同时，党组织在学校的政治核心地位依然不能忽视，应在校长的领导下充分发挥党组织对学校各项工作的监督和保障作用，从而确保学校全面贯彻党和国家的各项方针政策。

3. 教职工民主参与管理

《中华人民共和国教师法》明确提出教师有权"对学校教育教学、管理工作和教育行政部门的工作提出意见和建议，通过教职工代表大会或者其他形式，参与学校的民主管理"。教职工代表大会是学校教职工参与学校管理、行使自己民主权利的基本途径和主要方式。学校教职工代表大会在校党委领导下，在校行政和广大教职工的支持下，紧密围绕学校的中心任务开展工作，行使听取讨论、审议通过、讨论决定、民主评议等四方面的职权。

（三）国外中小学校长负责制

校长负责制是现阶段中小学管理采取的主要模式。目前，世界各国基本都采取这种模式来管理中小学，但是在校长负责制实施的过程中，不同的国家有不同的侧重点，采取的模式也不尽相同。比较典型的有美国的三级管理下的校长负责制、英国董事会领导下的校长负责制，以及俄罗斯、日本各具特色的校长负责制。

1. 美国的中学校长负责制

在美国，中等学校实行的是校长负责制，中等学校内部的管理是三级管理。中等学校校长是最高一级，是通过学区公开招聘选拔、任免的，除了要具备一般教师资格，还要取得教育行政与管理方面的学分。副校长或助理校长以及行政助理或指导员是中间层次。副校长或助理校长分管学校的课程教学与学生工作；行政助理或指导员则负责对学生的指导与管理。一般还设立一名执行秘书来协助校长完成工作。学系或学科教研室是学校的基层，学系是分科而设的教学管理单位，教研室是由同一学科专业教师组成的教学管理组织。

2. 英国的中小学校长负责制

英国的中小学在管理上实行学校董事会领导下的校长负责制。董事会的成员包括：校长、教师代表、家长代表、社区管理人员代表、地方教育当局的代表以及由董事会指派的代表等。学校董事会以提高学校的教育质量和绩效作为首要管理目标，是学校的决策机构、法人代表，其具体职责主要包括决策、课程的安排与教学管理、与教师及其他教育辅助人员签订雇佣合同、学生管理、与家长的沟通和协作、学校教学条件的改善、学校资源的开发和利用、学校经费的预算和支出等。"

中小学校长是学校日常事务运作的指挥者和组织者。作为学校的最高行政人员，校长肩负着艰巨的责任与使命，因而其选拔条件是十分严格的。

3. 俄罗斯的中小学校长负责制

俄罗斯的中小学校长负责制，校长由学校集体选举产生，也可以由学校委员会聘任，还可以由创办人任命。校长既是校务委员会的主席，也是学校的最高执行长官。由于俄罗斯明确学校独立的办学实体的法人地位，校长还是学校的法人代表，负责组织学校的日常教育教学活动和对外交流。

俄罗斯秉承学校自治和民主管理内部事务的办学原则。学校贯彻执行国家教育政策和教育标准，并向上级机关负责在教学活动、人事、经济、社会服务、国际交流合作等方面享有自主权。学生、家长、教师以及社会各界人士都可通过多方组成的学校委员会参与学校管理。

4. 日本的中小学校长负责制

日本学校实行校长负责制，学校的教职工成员包括校长、教头、教谕、养护教谕等。校长主要负责贯彻学校教育法，并且负责校务工作；教头协助校长掌握教务，并且在校长缺席的时候代理校长的职责；教谕负责掌管学生的教育；养护教谕负责学生的健康管理。

二、教师聘任制

（一）教师聘任制的含义

20 世纪 80 年代中期，我国开始对教师人事管理制度进行改革。我国教师人事制度改革与发展的一个重要成果就是，国家以法律形式确定了聘任制为中小学教师人事管理的基本制度。教师聘任制是聘用双方在平等自愿的基础上，用人学校或教育行政部门根据教育教学的需要设置工作岗位，聘请具有教师资格的公民担任相应教师职务的一项重要的人事管理制度。我国的教师聘任制主要由新教师的聘任制度和在岗教师的岗位聘任制度构成。

（二）教师聘任制的特点

1. 聘用关系平等

在聘任制下，教师与学校之间是一种平等的劳动人事关系，教师有择岗的自由，学校也有依据聘任合同聘任和解聘教师的权利。任何一方都没有权力将自身的意志强加给对方，教师和学校签订聘任协议的意愿也不受其他因素的干涉。教师聘用关系的建立基于学校和教师两个主体的自愿原则。

2. 实行聘任合同制

教师与学校在平等、自愿、公平的基础上，签订聘任合同，在合同中明确教师的权利与义务，同时也规定学校的权利与义务。聘任合同受法律保护，一旦订立合同，任何一方如果违约，就将承担相应的法律责任。

3. 限定聘期

教师聘任合同具有明确的聘任期限。根据《中华人民共和国劳动合同法》的规定，教师与学校的劳动合同分为固定期限劳动合同、无固定期限劳动合同和以完成一定工作任务为期限的劳动合同等三种。在聘期结束时，教师可以根据自己的意愿决定是否接着与学校续约，学校也可以根据教师的工作成效决定是否续聘，这对提高教师的工作积极性、促进教师的合理流动具有重要作用。

4. 遵循平等竞争和双向选择原则

教师聘任制遵循平等竞争和双向选择的原则，教师凭实力竞争上岗，用人单位按需设岗、严格考核、择优聘任，形成能上能下、优胜劣汰的竞争机制。

5. 聘用过程社会化、公开化

与聘任制相配套，国家建立了教师资格制度。任何满足条件的公民都可以通过考试获得教师资格证，从而进入教师人才市场。学校可以面向社会招聘教师，而教师个人也不再固定为某一用人单位所有。在聘用过程中，学校要公布招聘信息，并进行公开考试或面试，保障教师入职、合同签订的公开性和透明化，以保障教师聘任的公平公正。

教师聘任制强调学校和教师之间的平等自愿和相互选择，打破教师终身任用制，并在营造教师工作竞争氛围的基础上调动教师的工作积极性，激发教师的工作责任感。教师聘任制度打破了教师人事管理中长期存在的岗位职务终身制，优化了教师队伍的结构，提高了教师队伍素质。竞争机制的引入提高了教育质量，扩大了学校的办学自主权，激发了学校各项工作的活力。

（三）教师聘任制的主要内容

根据《中华人民共和国劳动合同法》的规定，教师劳动人事关系建立或解除的主要内容包括劳动合同的订立、履行和变更、解除和终止等。在一个完整的教师聘任制系统中，科学合理的岗位设置是聘任制的基础和前提，公开招聘、择优聘任是教师聘任制管理模式的核心环节，全面、公正的考核是教师聘任制实施的有效保障，按劳分配是教师聘任制健康运行的动力源泉。

1. 科学设置岗位

要实行教师聘任制，就要加强编制管理，规范学校等机构科学设置岗位。学校要遵循满足教育发展的基本需要、与经济发展水平和财政承受能力相适应、力求精简和高效、因地制宜等原则，根据所在的教育层次和地域、学校教育教学工作任务、学生数和班额、教职工工作量，合理确定教职工的编制总量和结构。学校应该通过分析学校规模和教育发展的实际需要，在核定的编制数和教师职务结构比例内科学设置教育、科研和管理岗位，明确岗位职责；严格编制管理，通过定编工作，清理超编人员，使占用学校编制的各类在编不在岗人员限期与学校脱离关系，避免超编聘用人员，造成学校结构臃肿。

2. 规定任职资格

我国已建立教师资格证书制度。担任不同类型、不同层次的学校的教师，需要满足基本的任职资格。《中华人民共和国教师法》第十一条明确规定了取得教师资格应当具备的相应学历：取得幼儿园教师资格，应当具备幼儿师范学校毕业及其以上学历；取得小学教师资格，应当具备中等师范学校毕业及其以上学历；取得初级中学教师、初级职业学校文化、专业课教师资格，应当具备高等师范专科学校或者其他大学专科毕业及其以上学历；取得高级中学教师资格和中等专业学校、技工学校、职业高中文化课、专业课教师资格，应当具备高等师范院校本科或者其他大学本科毕业及其以上学历；取得中等专业学校、技工学校和职业高中学生实习指导教师资格应当具备的学历，由国务院教育行政部门规定；取得高等学校教师资格，应当具备研究生或者大学本科毕业学历。

取得成人教育教师资格，应当按照成人教育的层次、类别，分别具备高等、中等学校毕业及其以上学历。不具备上述规定的教师资格学历的公民，申请获取教师资格，必须通过国家教师资格考试。学校应该在《中华人民共和国教师法》规定的基础上，从本校教学、科研任务的实际情况和工作特点出发，通过学校工作岗位分析和任务描述，制定岗位职责说明书，提出岗位承担者需要具备哪些方面的学科教学能力、教育与心理学科的理论知识和其他能力素质才能胜任该项工作，为招聘教师提供依据和标准。

3. 公开招聘，择优聘任

在定编定岗，明确了教师的任职资格后，学校通过发布招聘信息，面向社会招聘教师。为了保证教师招聘过程的公平、公开，学校需要建立由领导班子和校外专家参加的学校人事招聘委员会，具体负责教师招聘工作。

应聘教师主要有四个来源：本校聘任合同期满且本人愿意接着担任该校教师的教师；持有教师资格证书的师范类或非师范类院校毕业生，这是应聘者的主要构成部分；在其他学校任职的教师由于任职已满不再续聘或者合同未到期而解除聘约及其他原因，到某个学校应聘教师岗位；其他学校的在职教师或其他行业的从业者应聘兼职类的教师岗位。这些应聘者会根据学校岗位设置和任职条件向学校投简历。

学校负责招聘的人事机构或人事委员会根据应聘者的专业、能力及其与所需要人员素质的适合程度来筛选简历，并通知简历合格者于某个时间到学校来参加笔试或者面试。学校人事招聘委员会根据应聘者的能力和临场表现进行评分，择优录用。学校会与被录用的应聘者签订劳动合同。教师聘任制的劳动合同应当具备以下条款：用人单位的名称、住所和法定代表人或者主要负责人劳动者的姓名、住址和居民身份证或者其他有效身份证件号码；劳动合同期限；工作内容和工作地点；工作时间和休息休假；劳动报酬；社会保险；劳动保护、劳动条件和职业危害防护；法律、法规规定应当纳入劳动合同的其他事项。此外，教师劳动聘用合同中还可以包括用人单位与劳动者约定的试用期、培训、保守秘密、补充保险和福利待遇等其他事项。

4. 教师任用管理

教师入职后，对于教师的任用管理主要包括试用、绩效考核、薪酬和培训等。试用期主要是针对新教师而设立的管理制度，主要是看新教师能否胜任教学工作，试用合格即转为正式录用。

在教师工作过程中，学校会依据劳动合同所规定的教师职责如学科教学工作、班主任工作、科研工作的成效进行考核与评价。考核的方法有检查备课情况、进班听课、评价教学成果、对科研成果进行评审等。考核方式有教师自评、学生评价、同事评价、家长评价等。教师考核的趋势是由重视量化指标转向全面考查教师工作过程，由片面注重升学率和成绩转向通过对学生的综合素质评价来考核教师工作绩效。教师考核的结果与教师的薪酬、晋升、续聘、解聘等挂钩。以聘用合同和岗位职责为依据，建立适合教师岗位的科学、专业的考核评价指标体系，既是评价教师工作成效的手段，也是促进教师专业化发展的重要途径。

对教师进行在岗培训是教师职后教育的重要内容。学校通过外请专家或派教师进入高等院校学习的方式对教师进行培训，培训内容与教师本职工作密切结合，教师可以通过教育学、心理学、学科教学、班主任工作、教科研工作等方面的学习，不断提高自身的专业化水平。不少学校还将教师是否参加过相应级别或某类内容的培训作为职称晋升、薪酬提高的依据。

5. 建立合理的薪酬制度

在教师聘用过程中，教师的薪酬包括两部分：国家规定的基本工资和教师的绩效工资。教师工资总额由教师岗位特点、教师工作成效等因素决定。学校收入分配根据"效率优先，兼顾公平"的原则，实行按岗位定酬、按任务定酬、按业绩定酬的分配方法，将校长、教师的收入与岗位职责、工作业绩、实际贡献等挂钩，避免按资排辈、平均主义的现象出现，建立注重工作实绩、重视教师贡献的良性薪酬激励制度。学校薪酬管理的最终目的是提高教师工作的吸引力，使合格教师和优秀教师继续在学校任教。教师收入要合理地拉开差距，使得教师工资薪酬水平能够反映教师的工作成效和对学校的贡献；设定的教师工资薪酬水平也要考虑到学校教育的复杂性。但是如果差距拉开过大，就会影响到教师工作的积极性，因此在效率优先的基础上，学校收入分配还要兼顾公平。

6. 教师聘用的争议处理

从形式上看，教师聘任制不但包括签订合同聘用和续聘，还包括解聘和辞聘以及聘用合同终止等多种形式。解聘主要指学校因某种原因不再继续聘任教师，双方解除聘任合同关系。解聘的原因包括教师不胜任或在工作中有违反职业道德或者违法乱纪行为等。聘用合同具有法律效力，学校在解除教师的聘用合同时，应有正当理由，否则应承担相应的法律责任。辞聘主要是指教师由于某种原因主动要求与学校解除聘用合同关系的行为。教师不能随意在聘期内提出辞聘，如果没有正当理由，则教师在辞聘时需要承担相应的法律责任。在教师聘用合同期满或者双方同意的情况下，可以终止教师聘用合同。如果教师或学校对教师聘用合同签订、教师任用过程管理、薪酬待遇、解聘、续聘等存在争议，那么依据《中华人民共和国劳动法》，劳动争议发生后，当事人可以向本单位劳动争议调解委员会申请调解，调解不成，当事人一方要求仲裁的，可以向劳动争议仲裁委员会申请仲裁。当事人一方也可以直接向劳动争议仲裁委员会申请仲裁，对仲裁裁决不服的，可以向人民法院提起诉讼。

可见，在教师聘任制中，教师和学校处于平等的民事地位，选择是双向的，双方劳动关系的建立基于平等自愿的原则，学校面向社会公开招聘、择优聘用、广揽人才，教师个人也成为整个社会共享的人力资源。聘任制度的表现形式是教师和学校之间的劳动契约、聘用的任期、双方的权利与义务、违约责任等方面都采取合同条款的方式明晰化。

三、岗位绩效工资制的含义及其结构

岗位绩效工资是以教师被聘上岗的工作岗位为主，根据岗位技术含量、责任大小、劳动强度和环境优劣确定岗级，以教师的劳动成果为依据支付劳动报酬，是劳动制度、人事制度与工资制度密切结合的制度。岗位绩效工资由岗位工资、薪级工资、绩效工资和津贴补贴四部分组成。

（一）岗位工资和薪级工资

岗位工资和薪级工资为基本工资，由国家制定统一标准。岗位工资主要体现教师所聘岗位的职责和要求，薪级工资主要体现教师的工作表现和资历，实行"一岗一薪，岗变薪变；一级一薪，定期升级"。

根据相关法律法规的规定，我国各级各类学校实行统一的教师职务制度，分为高级、中级、初级职务。学校根据现行教师职务制度和国家关于岗位设置的有关规定，设置教师岗位，并执行相应的岗位工资标准。

（二）绩效工资

绩效工资由国家实行总量调控和政策指导，教育事业单位在核定的绩效工资总量内，按照规范程序和要求，采取灵活多样的分配形式和办法，自主分配。

（三）津贴补贴

津贴补贴包括艰苦边远地区津贴和特殊岗位津贴补贴等。

四、学校内部管理体制改革趋势

经过多年的发展，包括校长负责制、教师聘任制和岗位绩效工资制在内的中小学内部管理体制的框架已建立并逐渐得到完善。但实际工作中还存在一些亟待解决的问题，未来学校内部管理体制改革建议着重从以下方面入手。

（一）落实和完善校长负责制

根据相关教育法律法规的规定，中小学实行校长负责制。但在实际运行过程中，部分学校的办学自主权没有得到真正落实，校长负责制的实行存在着一些牵绊。未来的改革需要切实落实校长负责制。

各级各类学校要完善内部治理结构，健全教职工代表大会制度，引导社区及有关专业人士参与学校管理和监督，实行学校管理民主决策机制，从而建立对校长权力的制衡和约束机制，保障校长负责制的健康、有效运行。

（二）深化聘任制改革，保障教师合法权益

　　教师聘任制的实施对推动教师人事制度改革发挥了关键作用，增强了办学活力，优化了教师队伍结构。还需加强对教师聘任制度的主体、程序、监督等方面问题的立法研究，建立并完善以岗位设置管理为基础的教师聘任制度以及相关的教师流动制度、岗位绩效评价制度，将中小学教师人事制度改革不断向纵深方向推进。

（三）改革教师评价模式，健全以人为本的岗位绩效工资制

　　中小学教师收入分配制度的改革需要以相应的考核制度为基础。教师的工作存在着劳动成果的滞后性，对学校发展的影响是集体性的；教师工作存在着空间和时间上的延展性，教师工作不能简单地用上班时间来衡量，家访、批改作业、与学生谈心、准备课程、通过网络与家长联系等都是教师工作的内容；教师的教学质量还与生源质量、家长配合等方面密切相关。所以，教师考核具有明显的复杂性，不能简单地以分数、升学率、论文发表及获奖情况考核教师，而是要将学生发展的基础和发展情况、教师工作量及工作实绩、家长和学生评价等方面综合起来对教师工作进行评价，将定量方式与定性方式相结合，全面评价教师工作。目前，教师工作评价科学标准的制定还存在着滞后性。因此，建立科学合理的教师绩效评价机制是未来学校内部管理体制和教师人事制度改革的方向之一。通过建立以业绩和能力水平为导向的教师评价机制，可以体现教师职业的特殊性，从评价机制上形成以人为本的导向，促使教师安心做好教育教学工作，进而提高办学质量。

第四章　教学管理

第一节　教学管理概述

教学管理是运用管理科学和教学论的原理与方法，充分发挥计划、组织、协调、控制等管理职能，对教学过程各要素加以统筹，使之有序运行，提高效能的过程。教育行政部门和学校共同承担教学管理工作。教学管理涉及教学计划管理、教学组织管理、教学质量管理等基本环节。

一、任务

（1）制订学校教学工作计划，明确教学工作目标，保证学校教学工作有计划、有步骤、有条不紊地运行。

（2）建立和健全学校教学管理系统，明确职责范围，发挥管理机构及人员的作用。

（3）加强教师的教学质量和学生的学习质量管理。

（4）组织开展教学研究活动，促进教学工作改革。

（5）深入教学第一线，加强检查指导，及时总结经验，提高教学质量。

（6）加强教务行政管理工作。

二、主要内容

（一）过程管理

教学过程是根据一定的社会要求与教学目的和学生身心发展的特点，由教师的教和学生的学所构成的双边活动过程。这个过程是由教师、学生、教学内容和手段等要素构成的。教师是教学过程的主导因素，学生是教学过程的主体因素，教学内容和手段是教学过程的客观因素。教师教学的过程由备课、上课、课外辅导、作业批改、成绩考评五个基本环节构成。学生学的过程由课前预习、听课、复习巩固、考查、掌握和运用五个基本环节构成。教学过程的管理，也就是如何按照教学过程的规律来决定教学工作的顺序，建立相应的方法，通过计划、招待、检查和总结等措施来实现教学目标的活动过程。

（二）业务管理

教学业务管理是对学校教学业务工作所进行的有计划、有组织的管理活动。教学业务管理是学校教学管理的重要组成部分，它决定着学校教学管理的水平。

（三）质量管理

教学质量管理是按照培养目标的要求安排教学活动，并对教学过程的各个阶段和环节进行质量控制的过程。学校教学管理的中心任务在于提高教学质量。

（四）监控管理

教学监控分为教学质量监控（可归科组管理）和教学过程监控（可归年级管理）。所谓教学质量监控，就是根据课程对教学的要求，对教学的过程和情况进行了解和监测，找出反映教学质量的资料和数据，发现教学中存在的问题，分析产生问题的原因，提出纠正问题的建议，促进教学质量的提高，促进学生学习水平的提高和教师的专业发展，从而保证课程实

施的质量，保证素质教育方针的落实。监控是过程，评价是结果，目的是
促进。

三、教学管理的现代化

（一）利用多媒体

根据教学目标和教学对象的特点，通过教学设计，合理选择和运用现
代教学媒体，并与传统教学手段有机组合，共同参与教学全过程，以多种
媒体信息作用于学生，形成合理的教学过程结构，达到最优化的教学效果。
常见类型为通过多媒体教室进行现代化的教学管理。

（二）优化制度

反思现行的学校教学管理制度，我们不难发现其存在的弊端：以"分"
为本。现行教学管理，分数是评定学生学业成绩的重要手段，也是考查教
师教学质量的重要指标；是促进教师工作和学生学习的一种强有力手段，
过分强调分数管理则歪曲了教学改革的价值取向。校章校制是学校办学经
验的结晶和反映，但有些学校过分细化规章，把教师和学生当成管理的对
象，把领导变成监工，这种管理方式严重扭曲了教学的本性。因此，构建
人性化的学校教学管理制度势在必行。

第一，重建以"校"为本的教学研究制度。学校进行教学研究必须以
校为本，即要从学校教学实践中的问题出发，通过全体教师共同研究，达
到解决问题、提高质量的目的，在学校中，通过学校，为了学校。教学研
究要在学校取得"合法"地位，并真正成为学校教学改革发展的永恒动力，
必须进行制度的建设。同时通过制度化的建设，在学校形成一种崇尚学术、
崇尚研究的氛围，这是保证教学改革和教学专业化发展最有力的内在机制。

第二，重建"民主科学"的教学管理机制。教师参与学校民主管理的
状况，直接影响着民主化教学意识的养成。为此，学校必须改变以往"家
长式"的管理方式，建立民主、科学的教学管理机制，建立健全由教师、学生、
学生家长、教育专家或社会知名人士组成的教职工代表大会制度，加强民

主管理和民主监督，使广大教师可以通过一种法定的形式和正常的渠道参与学校管理工作。

第三，重建"促进教师成长"的考评制度。一是在制定考评内容和标准上，要体现新课程的精神，反映教师创造性劳动的性质和角色转换的要求以及教学改革的方向。要把教师的教学研究、教改实验、创造性教学和校本课程开发以及师生关系引入考评的内容。二是在考评的组织实施上，要努力使考评过程成为引导教师学会反思、学会自我总结的过程，从而进一步提高认识，更新观念。三是考评结果要防止片面化和绝对化，杜绝分数主义，要从教师专业成长的过程来看待每次考评的结果，为教师建立档案，帮助教师全面了解自己，明确自己所处的成长阶段和进一步努力的方向。

（三）新课改

从课程社会学的角度而言，课程实施的过程同时也是学校教育价值观和学校文化重建的过程。有人认为，新课程改革持续发展有三大推动力：第一，热情和责任；第二，校本研究制度的建设；第三，学校文化重建。我们以为新课程持续发展核心的动力应该是新的学校文化。在新课程推进中，学校文化建设必须引起我们足够的关注。教学工作是学校的核心工作，学校通过各种有效的教学将教育目的、课程蓝图变为现实。我们的切入点和着力点应该放在"教学管理制度的重建"上。

简单地说，教学管理制度就是保障教学系统有效运行的组织形式和行为规范。用外延方式来下定义，教学管理制度是教学管理体系（组织结构）和教师教学的行为准则（教学常规）的总和，它包括教学思想管理、课程计划管理、教学过程管理、评价与考试管理、教研科研管理和教学行政管理等。

（四）新理念

新课程改革是一场课程教材改革为表征的，反映时代精神的教育改革，它不是用一种教材去更换另一种教材，用一种教学技术去更换另一种教学技术，而是包括教育目标、课程体系、教学思想以及教学管理制度在内的全方位的变革。只有教学组织机构、规范体系、内在激励机制发生了根本的变化，课程改革才会持续深入。可见，教学制度重建既是新课程改革的外在保障，又是新课程改革的重要组成部分。

第二节　教学计划管理

教学设计是根据课程标准的要求和教学对象的特点，将教学诸要素有序安排，确定合适的教学方案的设想和计划。一般包括教学目标、教学重难点、教学方法、教学步骤与时间分配等环节。

一、定义

加涅曾在《教学设计原理》中界定："教学设计是一个系统化规划教学系统的过程。教学系统本身是对资源和程序做出有利于学习的安排。任何组织机构，如果其目的旨在开发人的才能均可以被包括在教学系统中。"

帕顿在《什么是教学设计》一文中指出："教学设计是设计科学大家庭的一员，设计科学各成员的共同特征是用科学原理及应用来满足人的需要。因此，教学设计是对学业业绩问题的解决措施进行策划的过程。"

赖格卢特对教学设计的定义基本上同对教学科学的定义是一致的。因为在他看来，教学设计也可以被称为教学科学。他在《教学设计是什么及为什么如是说》一文中指出："教学设计是一门涉及理解与改进教学过程的学科。任何设计活动的宗旨都是提出达到预期目的的最优途径，因此，教学设计主要是关于提出最优教学方法的处方的一门学科，这些最优的教学方法能使学生的知识和技能发生预期的变化。"

梅里尔等人在发表的《教学设计新宣言》一文中对教学设计所作的新界定值得引起人们的重视。他认为："教学是一门科学，而教学设计是建立在这一科学基础上的技术，因而教学设计也可以被认为是科学型的技术。"

美国学者肯普给教学设计下的定义是："教学设计是运用系统方法分析研究教学过程中相互联系的各部分的问题和需求。在连续模式中确立解决它们的方法步骤，然后评价教学成果的系统计划过程。"

学习教练肖刚这样定义教学设计："教学设计是一个系统设计并实现学习目标的过程，它遵循学习效果最优的原则，是课件开发质量高低的关键所在。"

二、方法特征

（一）目的

教学设计是为了提高教学效率和教学质量，使学生在最短时间内能够学到更多的知识，更大幅度地提高学生各方面的能力，从而使学生获得良好的发展。

（二）方法

1. 教学设计要从"为什么学"入手，确定学生的学习需要和学习目标。

2. 根据学习目标，进一步确定通过哪些具体的教学内容提升学习者的知识与技能、过程与方法、情感态度与价值观，从而满足学生的学习需要，即确定"学什么"。

3. 要实现具体的学习目标，使学生掌握需要的教学内容，应采用什么策略，即"如何学"。

4. 要对教学的效果进行全面的评价，根据评价的结果对以上各环节进行修改，以确保促进学生的学习，获得教学的成功。

（三）特征

教学设计具有以下特征。

1. 教学设计是把教学原理转化为教学材料和教学活动的计划

教学设计要遵循教学过程的基本规律，选择教学目标，以解决教什么的问题。

2. 教学设计是实现教学目标的计划性和决策性活动

教学设计以计划和布局安排的形式，对怎样才能达到教学目标进行创造性的决策，以解决怎样教的问题。

3.教学设计是以系统方法为指导

教学设计把教学各要素看成一个系统，分析教学问题和需求，确立解决的程序纲要，使教学效果最优化。

4.教学设计是提高学习者获得知识、技能的效率和兴趣的技术过程

教学设计是教育技术的组成部分，它的功能在于运用系统方法设计教学过程，使之成为一种具有操作性的程序。

三、教案设计的原则

（一）系统性原则

教学设计是一项系统工程，由教学目标和教学对象的分析、教学内容和方法的选择以及教学评估等子系统组成，各子系统既相对独立，又相互依存、相互制约，组成一个有机的整体。在诸子系统中，各子系统的功能并不等价，其中教学目标起指导其他子系统的作用。同时，教学设计应立足于整体，每个子系统应协调于整个教学系统中，做到整体与部分辩证地统一，系统的分析与系统的综合有机地结合，最终达到教学系统的整体优化。

（二）程序性原则

教学设计是一项系统工程，诸子系统的排列组合具有程序性特点，即诸子系统有序地成等级结构排列，且前一子系统制约、影响着后一子系统，而后一子系统依存并制约着前一子系统。根据教学设计的程序性特点，教学设计中应体现出其程序的规定性及联系性，确保教学设计的科学性。

（三）可行性原则

教学设计要成为现实，必须具备两个可行性条件：一是符合主客观条件。主观条件应考虑学生的年龄特点、已有知识基础和师资水平；客观条件应考虑教学设备、地区差异等因素。二是具有操作性。教学设计应能指导具体的实践。

（四）反馈性原则

教学成效考评只能以教学过程前后的变化以及对学生作业的科学测量为依据。测评教学效果的目的是获取反馈信息，以修正、完善原有的教学设计。

四、教学设计的基本要素

模式是对理论的一种简洁的再现。不论哪一种教学设计模式，都包含下列五个基本要素：教学任务、教学目标、教学策略、教学过程、教学设计。五个基本要素相互联系、相互制约，构成了教学设计的总体框架。

（一）教学任务

新课程理念下，课堂教学不再仅仅是传授知识，教学的一切活动都是着眼于学生的发展。在教学过程中如何促进学生的发展，培养学生的能力，是现代教学思路的一个基本着眼点。因此，教学由教教材向用教材转变。以往教师关注的主要是"如何教"问题，那么现今教师应关注的首先是"教什么"问题。也就是需要明确教学的任务，进而提出教学目标，选择教学内容和制定教学策略。

（二）教学目标

教学设计中对于目标的阐述，能够体现教师对课程目标和教学任务的理解，也是教师完成教学任务的归宿。

新课程标准从关注学生的学习出发，强调学生是学习的主体，教学目标是教学活动中师生共同追求的，而不是由教师所操纵的。因此，目标的主体显然应该是教师与学生。

教学目标确立了知识与技能、过程与方法、情感态度与价值观"三位一体"的课程教学目标，它与传统课堂教学只关注知识的接受和技能的训练是截然不同的。体现在课堂教学目标上，就是注重追求知识与技能、过程与方法、情感态度与价值观三个方面的有机整合，突出了过程与方法的地位，因此在教学目标的描述中，要把知识技能、能力、情感态度等方面都考虑到。

（三）教学策略

所谓教学策略，就是为了实现教学目标，完成教学任务所采用的方法、步骤、媒体和组织形式等教学措施构成的综合性方案。它是实施教学活动的基本依据，是教学设计的中心环节。其主要作用就是根据特定的教学条件和需要，制定出向学生提供教学信息、引导其活动的最佳方式、方法和步骤。它包括四方面内容：①教学组织形式；②教学方法；③学法指导；④教学媒体。

特别要指出的是，板书作为传统的、常规的媒体在我们的教学中还应该有一席之地，而且还占有相当大的比重，所以在设计媒体时千万别忽视了对板书的设计。

（四）教学过程

众所周知，现代教学系统由教师、学生、教学内容和教学媒体等四个要素组成，教学系统的运动变化表现为教学活动进程（简称"教学过程"）。教学过程是课堂教学设计的核心，教学目标、教学任务、教学对象的分析，教学媒体的选择，课堂教学结构类型的选择与组合等，都将在教学过程中得到体现。那么怎样在新课程理念下，把诸因素很好地组合，是教学设计的一大难题。

（五）教学设计

新课程理念下，教学设计的功能与传统教案的不同之处在于它不仅仅是上课的依据。教学设计，首先能够促使教师去理性地思考教学，同时在教学元认知能力上有所提高，只有这样，才能够真正体现教师与学生双发展的教育目的。

五、教学设计书写

（一）书写内容及步骤

1.教学设计说明：写出本教学设计意图和整体思路（突出新课程特点）。

2.教学分析：包括教学内容的分析和学情的分析。

3.教学目标：知识与技能、过程与方法、情感态度与价值观。

4.教学策略（或学法指导）：选用的教学方法、教学手段、媒体及板书设计。

5.教学过程。

6.教学反思、评价。

（二）书写说明

1.书写的形式

书写可以是文本的，也可以是表格的，也可以将文本和表格二者结合。

一般文本形式可以比较充分地表达思想和具体的内容，信息量大，但不宜直观地反映教学结构中各要素之间的关系。而表格形式能够比较简洁、综合体现教学环节教、学诸因素的整合。因此，一般以表格书写，或者将文本和表格书写形式合二为一，后一种方式是比较理想的呈现，采用文本形式书写前端分析，教学过程则一般以表格形式书写，从而组织成为一篇教学设计方案。

2.教学设计书写形式

教学设计书写形式不是一成不变的，可以根据具体的内容要求灵活展现，所以不拘一格，写出个性，写出创意，写出风采。

3.教学反思评价

教学反思评价作为教学设计来说也是一个必不可少的环节。

最后还需要说明的是，教学设计内容和形式应该根据需要而定，如果为了同行间探讨、交流而进行设计，则应选择较为详细和较强的理论展现为主要内容和相应的形式，如果是教师本人为了作为上课前对课的理解和策划，则可以相对淡化理论色彩并简化分析要素，更多地关注过程、方法策略以及教学流程和板书的设计。总之，课堂教学设计方案的多元化和创新是我们所追求的目标。

六、教学设计与教案

我们将教案与教学设计进行比较可以看出，从关注具体的教材教法的研究转变为关注以促进学生学习的有效的教学策略研究是从传统教案走向现代教学设计的根本转折点，只有弄清了二者的区别，才能够真正理解并掌握现代教学设计的理念和技术，在进行教学设计时不会将二者混淆。

第一，脉络要"准"——是教学设计的"出发点"。

第二，目标要"明"——是教学设计的"方向"。

第三，立意要"新"——是教学设计的"灵魂"。

第四，构思要"巧"——是教学设计的"翅膀"。

第五，方法要"活"——是教学设计的"表现形式"。

第六，练习要"精"——是教学设计的"终结点"。

第三节　教学组织管理

教师是学校教学的基本执行单元。学校教学工作的目的是促进学生全面发展，但是具体的教学工作却是由一个个教师在教室中独立完成的，所以，实现国家教育目的和学校培养目标需要将教师组织起来，形成一个完整的系统，只有全体教师相互配合、相互促进，形成教学工作的合力，才能提高教学质量。这就需要进行教学组织管理，在学校教学管理中，建立有效的教学组织指挥系统，加强教导处和教研组的建设和管理，并合理配备教师资源，提高教学管理的有效性。

一、教学管理组织系统

现代教学管理组织是随着教学规模的不断扩大，班级授课制的出现和现代学校的产生而逐渐构建起来的。教学管理组织一般是指学校按照一定的教学目标，运用机构、人员、职权、制度和文化等组织要素，进行有机组合并进行动态管理的一种专门性社会组织。

（一）教学管理组织系统的类型

1. 垂直型教学管理组织

这种教学管理组织的特点是主要靠强制性维持。学校通过设置若干级正式的教学行政管理机构来形成本校的教学管理组织系统，以行使教学管理的基本职能，维护正常的教学秩序。一种模式是四级管理机构，即教学校长—教务处—教研组—教师；另一种模式是三级管理机构，即教学校长—学科组—教师。这样有利于常规教学的落实，不利是容易导致教育风格雷同，最终导致学生个性发展单一。

2. 咨询—监督型教学管理组织

这种教学管理组织的特点是主要靠教师的自觉性维持。学校设教学咨询、监督机构，请家长和社区知名人士参与其中，以便改善学校的教学工作质量。这种教学管理组织的好处是管理灵活利于教学创新，不利是教学质量不能得到有效保障。

这两种组织系统是并行不悖的。学校教学管理既要充分发挥垂直管理的功能，又要充分发挥咨询监督的作用，实现教学管理的合理分工和责任制，形成渠道畅通、制度完善的教学管理组织系统。

（二）建立有效的教学组织系统

教学组织系统是学校教学管理得以运行的基础。一个有效的教学组织系统能够发挥上情下达，下情上传的功能。

1. 充分发挥教导处的职能

教导处是学校教学管理系统的中枢。其职能主要有如下几方面的内容。一是协助校长贯彻党和国家的教育方针政策，具体组织学校日常教学工作，制订学校教学工作计划，并进行定期检查和总结。二是根据国家课程计划、课程标准编排课程表、作息时间表和课外活动表，提高教学效率，减轻学生的课业负担。三是了解全校教师的思想动态，了解每位教师的业务水平和专长，依据教师的特点安排相应的教学任务。四是通过业务培训和研修，提高教师的业务水平和教师队伍素质，造就一支业务精、水平高、爱岗敬业的教师队伍。五是组织开展教学研究工作，通过集体备课、教学观摩、校本研究、撰写论文等方式，提高教师的教学反思和教研水平。六是对学校教学工作进行监控和评估，包括检查备课、上课、作业和考试的情况，了解教师教学和学生学习的动态，并对教师工作进行考核与评价。七是做好学籍管理工作，具体负责招生、编班、休学、转学等工作，并做好教学表格，如学籍卡、健康卡、成绩总册的统计、汇报、报表的管理工作，同时负责教学图片、图书、仪器、教学工具书、教学刊物、考试样卷、教学质量分析等各种资料的整理、装订、保管、借阅工作，防止散失，保证教学所需。八是具体负责课外活动的指导与管理、学校教学仪器设备的管理等各项工作。可以看出，教导处的教学管理工作非常细致，涉及学校教学工作的各个方面。

　　加强教导处的建设，需从两方面着手。首先，做好教导主任的选拔和任用。教导主任是校长管理教学工作的主要执行者，上对校长直接负责，同时直接组织各学科教师、教研组开展教学工作。教导主任的业务素质高低直接影响学校教学管理的成效。教导主任的选拔和任用要坚持公开公正的原则，并充分听取教职工代表大会和全体教职员工的意见和建议，通过公开招聘的方式将有能力、有意愿、有群众基础的优秀教师选拔到教导主任的岗位上来。在实际的工作中，要明确教导主任的工作责任和职权范围，为其开展教学管理工作创造良好的内外环境。其次，建立一支精干的教导处管理队伍。学校教导处的工作范围十分广泛，既要协助校长保证学校教学符合国家教育方针和课程计划，同时又要组织好日常教学工作和教研工作，而且还要组织好教师考核和学籍管理等各项工作，任何一个环节出问题，都可能影响学校教学管理的全局。因此，建立一支精干的、权责明确、合理分工的教导人员队伍，对于强化教导处的职能具有重要作用。

2. 强化教研组的建设

20世纪50年代，教育部颁布了中小学工作规程，提出学校各个学科都要设立教学研究组，其任务为组织学科教师讨论及制订各科教学进度，研究教学内容及教学方法，总结教学经验，研究教学中出现的各种问题，最终提高教师的业务水平，改进学校教学工作。强化教研组的建设，首先要选好带头人。教研组长一般由校长或教导处任命，也可由同教研组的教师推选产生。教研组长应当是学科的骨干优秀教师，能够带领任课教师开展深入的教研工作，并对学科教师进行相应的教学指导工作，帮助教师解决教学中遇到的问题。教研组长更多地具有专家型教师的特点，在教师中发挥模范带头作用。在教研组中，教师之间就某个教学问题所开展的讨论或者研究实际上是一种带有学术色彩的探讨，在探讨的过程中，教师之间是平等的，都有发表意见或建议的权利。同时，教研组长还要采取措施，促进教师之间的知识共享，通过分享备课讲义、相互观摩、听课评课等方式，相互取长补短，共同提高教学业务水平，促进学校教学质量的总体提升。

3. 优化教师配备

教师是学校最为宝贵的人力资源，也是办好学校的基本依靠力量。教师之间在思想状况、工作年限、能力水平、业务专长等方面都存在差异。学校教学管理的一项重要工作就是依据上述方面的差异，根据实际情况合理配备各学科教师，充分发挥每个教师的业务水平，扬长避短，提高学校教学管理效能。同时，同一个学科的教师配备，要注意老、中、青教师的年龄搭配，发挥老教师传、帮、带的作用，促进中青年教师的业务成长；而中年教师有了一定教龄，业务熟练，精力旺盛，是提升学校教学质量的中坚力量；青年教师刚刚入职，缺乏教学经验，业务也不熟练，这时学校要创造条件帮助他们熟悉业务，并对他们进行业务指导，给青年教师创造比较宽松的工作环境，加快青年教师的专业成长。

二、教学过程管理

教学过程包括备课、上课、作业布置与批改、学业成绩的检查与评定等基本环节。教学过程或环节管理也包括备课管理、课堂教学管理、作业管理和学业成绩评价管理等方面。

（一）备课管理

备课是教师根据学科课程标准和所教学科的特点，在了解学生学习情况的基础上，合理安排教学内容呈现方式及其顺序，并针对教学中可能出现的问题进行预先分析并提出解决对策，以保证教学有效性的过程。备课管理工作主要包括以下几个方面的内容。

1.钻研教材

教材主要包括教学大纲、教科书和与课程教学相关的参考资料。学校一般都会要求任课教师系统性地研究教材内容，清楚所教学科的教学目的、知识体系以及教学方法方面的要求，在了解教材编写意图和知识结构的基础上分析教学重点、难点和关键环节，同时还要求教师广泛阅读与教学内容密切相关的参考用书，以充实教学内容。最终达到全面掌握教材内容体系，对教材融会贯通，进而转化为有效课堂教学的目的。

2.了解学生

教师要通过谈话、家访、与班主任沟通等多种方式了解所教班级学生的学习态度和兴趣，了解学生已有的知识基础，了解学生的智力水平和健康状况，以确定教学的难度、进度，促进学生主动、高效地学习。

3.选择教学方法

常见的教学方法有讲授法、谈话法、实验法、演示法、读书指导法、参观法等，在一节课上不是采用的方法越多越好，而是要看教学方法与所教内容的匹配程度。学校会要求教师在备课过程中结合教学内容和学生学习的实际情况有针对性地选择教学方法，以提高学生学习兴趣和主动性。

4.设计教案

教案是对教学内容的整体规划。在研究教材、分析学生、选择教法的基础上，通过教案的写作，具体规划教学过程、明确教学内容主题、阐述教学目的和任务、分析教材及其教学重点难点、选择教学方法和教具、规划教学流程步骤、巩固教学内容和布置作业等环节，呈现板书设计。为了促进教师之间的知识和经验共享，很多学校都建立了集体备课制度，通过教研组组织教师集体备课，形成教学团队，整体提高教学水平。通过备课管理，可以提高教师教学的目的性和针对性，进而为提高教学效率、提高学生学习成效奠定基础。

（二）课堂教学管理

教学是学校的中心环节。课堂教学管理主要包括两个方面：听课、评课。

1. 听课

听课是校长、教学主管副校长、教导主任、教研组长等人的一项重要工作。听课是学校领导了解本校教学质量、了解教师教学水平、分析学生学习情况和进度最直接、最有效的方法，也是帮助教师改进教学、提高专业化水平的有效途径。依照目的的不同，可以把听课分为了解性听课、指导性听课、研究性听课和总结性听课四种类型。

了解性听课是校领导为了全面把握学校的教学情况所进行的听课，通常范围会比较广泛，涉及语文、数学、英语、体育、音乐、美术等各个学科。指导性听课主要是聘请校内外的教学专家通过听课对教师进行具体的业务指导。研究性听课是为了解决某一方面的教学问题，如学生学习兴趣低、班级教学成绩起伏过大等而进行的听课。总结性听课则主要是为了总结学校开展的教学实验、教师之间交流上课经验而进行的听课。

在组织听课之前，校领导和教务管理人员要仔细研究听课的目的，以确定听课的类型；同时，听课人员还需要对教学内容、教学目标、教师基本情况、学生情况等进行较为深入的了解，以有的放矢地分析课程内容和评课。

2. 评课

在听课的基础上，要对所听内容进行评价，这就是评课。评课的目的不仅仅是考核评价教师的水平，更应以提高教师的教学能力为基本出发点。评课是指对课堂教学成败得失及其原因做中肯的分析和评估，并且能够从教育理论的高度对课堂上的教育行为做出正确的解释。具体地说，评课是指评者对照课堂教学目标，对教师和学生在课堂教学中的活动以及由此所引起的变化进行价值的判断。评课是教学、教研工作过程中一项经常开展的活动。评课的类型很多，有同事之间互相学习、共同研讨的评课；有学校领导诊断、检查的评课；有上级专家鉴定或评判的评课等。评课要坚持以下基本标准。

分析教学目标是否符合教育方针和教学大纲的要求，教学是否实现了提高学生道德水平、使学生掌握了知识及发展了能力的目的。

教学过程与结构的科学性和严谨性，包括上课时的检查复习、导入新课、引入新知识、课堂练习、课堂提问、教学内容总结、布置课外作业等环节，分析教学环节是否紧凑、教学内容的呈现是否合理、是否遵循了学生的注意规律、是否激发了学生的主动性。

教学思想是否体现了新课程标准的要求，主要分析和考察教学过程是否面向全体学生实施素质教育，是否整体设计目标并体现灵活开放，是否突出学生主体并尊重个体差异，是否拓展学用渠道，促进学生发展等。

教学态度，主要看教师的仪表仪容是否大方、端庄，教学感情是否丰富、真挚。

教学语言，主要观察教师的课堂教学用语是否规范、准确、优美。

板书和幻灯片呈现的清晰和美观程度，主要看教学板书的科学性、精练性、逻辑性和连续性，分析是否有利于学生理解教学内容。

实践证明，在学校教学管理中，通过科学评课，有利于促进教师转变教育思想，更新教育观念，确立课改新理念；有利于帮助和指导教师不断总结教学经验，形成教学风格；有利于信息及时反馈、评价与调控，调动教师教育教学的积极性和主动性。总之，通过科学的听课和评课，可以有效提高教师的业务水平，进而提高学校的教学质量。

（三）作业管理

作业是教师布置的学习任务，包括课堂作业和课外作业两种形式，前者要求学生当堂完成，后者则可以让学生放学后在家完成。从完成方式来看，作业包括口头作业和书面作业，前者是指朗读和背诵形式的作业，后者是指抄写、默写、习题、课外调查研究报告等方式。作业的布置与批改，是教学过程中必不可少的环节，也是巩固教学内容、教师了解学生学习效果的重要手段。作业管理主要包括如下内容。

1. 提高作业的有效性和针对性

不盲目布置大量作业，摒弃无效作业。布置作业要做到针对教学内容并适当拓展，少而精，能够有效巩固所学知识，让作业真正成为补充和优化教学的重要手段。

2. 创新布置作业形式

在当前课程改革的背景下，布置作业不仅仅是让学生回家后做习题，还可以采取准备演讲、开展调查研究、手工制作等多种形式，通过作业提高学生的综合能力。

3. 及时批改、反馈作业

作业的批改必须讲究时效性，学生完成并提交作业之后，教师要在第一时间完成批改，及时把批改情况反馈给学生。批改完成后，教师要对学生作业的整体情况进行分析，找出作业中的共性问题，并向学生集体讲解；对于作业中出现的个性问题，要采取面对面的方式帮助学生分析问题，促进学生了解和掌握所学知识。

4. 家校合作，提高作业管理质量

家长参与学校教学是教学管理所采取的一个常见途径。通过家长会等方式让家长明白作业的重要性，争取家长的支持和配合；要求家长督促学生完成课外作业，在提交作业之前要求家长签字并评价作业完成的进度和质量，经常与家长沟通和交流学生的作业情况。这样，既能保证家长对学生作业的监督，同时还能与家长及时进行沟通，获得家长的支持和配合。

（四）学业成绩评价管理

学业成绩评价是通过一定的途径、方法来判断学生的学习是否达到或在何种程度上达到了教学目标的要求。教学目标是对学生进行学业成绩评价的基本依据。教学目标包括思想品德、学科知识和实践能力等方面的要求，是对学生学业成绩进行评价的基本标准。学业成绩的评价要贯彻素质教育和课程改革的要求。学业成绩评价的方式主要包括两种基本类型：一是考查，二是考试。

1. 考查

考查是指对学生的学习情况和成绩进行的一种经常性的小规模或个别的检查与评定，也就是在平时的课堂教学、课外作业以及课外小组活动中对学生的学业成绩所进行的过程性评价，具有经常性和及时性的特点。考查的目的在于及时了解学生学习的情况，获得教学反馈信息以改进教学。考查的方式主要有口头提问、检查书面作业、书面测验等形式。考查的结果由各学科教师记入学生成绩档案袋，体现教学评价的发展性。

2. 考试

考试是指对学生学业成绩进行的阶段性或总结性的检查与评定，一般由教育行政部门或者学校统一命题，统一批阅试卷和评分，目的在于对学生的学习质量进行全面的检查与评价。依据时间安排的不同，可以将考试分为期中考试、期末考试、学年考试、毕业考试和升学考试（如高考、研究生入学考试）等类型。

依照考试的内容，可以将考试分为闭卷考试、开卷考试、口试、实际操作考试等类型。在教学管理中，正规考试通常采用闭卷考试的形式，目的是检查学生学习和教师教学的总体质量，也有利于在单位时间内通过统一命题和评改选拔人才。同时，为了避免闭卷考试的死记硬背，通常还会采用开卷考试、口试和实际操作考试的形式，通过多种方式，全面检测学生的学业水平。在教学管理实际中，要根据考试的目的和功能采用不同的考试形式，做好试卷的密封、试卷批阅的客观性以及成绩评定的准确性等方面的工作。

三、教务行政

教务行政是执行教学计划的一种教学行政，它的基本职能是根据全校教学计划对各项教学活动中的人力、物力、财力、时间、空间、信息等进行科学的、合理的组织、指挥、调度和控制，以达到建立正常的、稳定的教学环境和教学秩序，提高教学质量的目的。其主要内容包括招生管理、学籍管理、班级编制、编排课程表、资料管理。

（一）招生管理

招生是学校办学的基础，是一项计划性和政策性很强的工作。不同类型的学校招生政策各不相同。

1. 义务教育招生政策

义务教育阶段实行就近免费入学政策，也就是学生应在父母户籍所在地的学校就近入学。但是由于办学质量存在校际差别，同时还存在着差异化的入学需求，因此客观上还存在择校的问题。

2. 高中教育招生政策

根据教育部等部委的规定，高中阶段招生基本上以成绩为准，严格控制招收择校生，对择校招生实行限制性政策，即招收择校生比例要严格控制在本校当年高中招生计划数（不包括择校生数）的 30% 以下；公办高中招收择校生，收取择校费后一律不准再收取学费；同时规定了择校的最低标准，低于一定成绩的考生不得择校。

（二）学籍管理

学籍管理是教学管理者根据国家对学生德、智、体、美、劳全面发展的要求，按照一定的原则、方法和程序，对学生学习和各方面的表现，进行阶段和全程的质量考核、记载、评价和处理，并按照有关政策、规章的要求，对学生入学、变迁、毕业等进行控制。

学籍管理在义务教育阶段和非义务教育阶段的内容、作用和要求既相同又有区别。在义务教育阶段，按照教育行政部门的规定，要建立适龄儿童、少年的学籍档案，供当地政府、教育行政部门和学校管理者了解情况，进行决策之用。到了高中和大学阶段的学籍管理十分严格。学籍管理主要包括对学籍卡片、学生健康卡片、入学登记表、毕业登记表等的管理。

学籍管理是一项极其严肃的学校管理工作，任何教师或班主任都不得违背或变通有关程序中的任何环节。涉及任何一个学生的学籍变更或借读都需由学校领导研究决定。在分管校长签字后，应及时到教务处办理有关手续。

（三）班级编制

教学班是学校对学生进行教学的基本单位。班级编制是招生以后，开始新的教学前的一项重要工作。班级编制一般是指把年龄和知识水平相同或相近的学生，按照定额合理分配，组成平行班，以便实施教育和教学。班级编制主要涉及分班标准和形式、班级规模两个方面的内容。在我国分班标准和形式一般是以年龄分班和能力分班为主。根据教育部的规定，我国的标准班级规模是：在城市，小学40—45人，初中45—50人，高中45—50人；在农村，小学30—35人，初中40—45人，高中45—50人。

（四）编排课程表

课程表规定了教学科目的安排、实施程序与节奏，是进行正常教学工作的依据。编排课程表的主要方法包括人工排课和机器排课两种。课程表是固定的，是提前安排好的，但在必要的情况下可改动。在日常教学中，教师应尽量避免调课。教师调课牵涉学生利益，应制订针对学生的个性化课程表，保证学生正常地进行学习，提高学生的学习效率。编排课程表并不是机械地分配教学计划所规定的课程，课程表要合乎学生生活情况和师生学习、工作规律。

1. 关注学生学习时间和精力

学生精力旺盛的时候，学习能力强，效率高；学生精神疲倦的时候，学习能力弱，效率低。因此，凡是要多用脑、费精神的科目，最好排在上午第一、二、三节；音乐、体育、图画、写字、自习等课程可排在下午。

2. 合理使用教师时间

编排课程表时要考虑到教师能否比较好地利用时间。如在编排课程表时应尽量给教师一些完整的时间来备课、参加教学研究活动，或进修提高。也要考虑到同科教师互相听课的可能性。对一些有特殊困难的教师也应尽可能地给予照顾。

3. 充分利用教具、场地、教学仪器

学校在编排课程表时要充分利用理化科的实验室、体育科的场地和器械等，课时安排不要冲突，以免影响教学质量。

（五）资料管理

1. 工作资料管理

（1）全校性的资料

全校性的资料，如上级有关教学工作的文件，学校的工作计划、总结、全校性的规章制度等。

（2）教师教学资料

教师教学资料，如课程标准、教科书、教学参考资料，教研组和教师个人的教学计划总结、研究成果、观摩教学教案，各科期末复习提纲、试卷，班主任工作计划、总结等。

（3）学生资料

学生资料，如学籍册，毕业登记和出勤情况登记表，体检资料，转学、退学、休学登记表等。

（4）统计表

统计表，如各学年（学期）学生各科成绩统计材料，升留级、升学统计材料，学生学习质量分析统计材料等。

上述四类资料属于要积累保管的材料，应及时收集，分别装订成册，编目登记，专人管理。

2. 图书资料及教学仪器管理

现在学校一般都设置有图书馆和大量的教学仪器，这些都是学校公有的，需要登记在册，并委派专人管理。

第四节　教学质量管理

教学质量管理是一个十分复杂、相当困难的课题。因为教学过程是一个多参数的复杂系统，涉及许多因素，教学质量是诸多因素共同影响的综合指标；教学是培养人的活动，对人才质量的管理远比对物质产品质量的管理复杂得多；教学过程的周期比较长，其效果不能完全依据眼前或近期的某些指标来衡量。尽管如此，由于教学活动是有规律的，因此，教学质量管理还是有客观依据的。

一、教学质量管理的含义

教学质量是指在教学过程中，通过教师的教和学生的学体现出来的学生学习的优劣程度，教学质量包括教师教的各个环节的质量和学生学的各个环节的质量。教学质量的实质是指教学任务的全面完成和学生的全面发展的程度。从教和学的辩证关系来看，教只是手段，学才是真正的目的，学依赖于教，因此，教学质量最终体现为学生的学习质量。我们通常又把前者称为教学过程质量，后者称为教学成果质量。教学过程质量是教学成果质量的前提和基础，教学成果质量是教学过程质量的体现和归宿。因此，教学质量管理应该是教学过程质量管理和教学成果质量管理的统一体。

二、教学质量管理的任务

教学管理是学校管理的核心，教学质量管理又是教学管理的中心，提高教学质量是教学管理的出发点和归宿。学校教学质量管理就是通过抓质量，对教学进行管理。教学质量管理所要达到的要求是全面的，既要保证智育的质量，又要保证德育、体育、美育和劳动技术教育的质量。在智育中，既要确保基础知识、基本技能的质量，又要保证发展智力、培养能力的质量；既要保证教师教的质量，又要保证学生学的质量；既要使优等生有较大的进步，又要使中、差等生在原有的基础上有长足的进步；既要使学生毕业后升入高一级学校学习时适应学习的要求，又要使学生走上工作岗位后适应工作的要求。这样才算实现了全面的教学质量管理的任务。

教学工作是学校工作的中心，学校的全体师生员工都与提高教学质量相关。因此，学校全体教职员工都要直接或者间接参加教学质量管理，要各司其职，以优质的工作确保教学质量的提高，特别要调动学生参与教学质量管理的积极性，以确保教学质量管理任务的全面完成。

三、教学质量管理的途径

教师勤教、学生勤学是提高教学质量的重要条件。在基础教育由应试教育向素质教育转变的新形势下，我们仅仅满足于埋头苦干是不够的，提高教学质量首先要转变教学思想，向教学科研要质量，使教师真正把教书育人当作一种有意义的事业来追求。因此，教学质量管理首先要转变教学思想，同时还要革新课程内容、优化教学过程、加强教学检查和教学质量评价。

在教学思想的转变过程中，按照现代教学论的要求，把传授结构化的、理论性强的基础知识和发展学生智力、培养学生各种能力结合起来。在革新课程内容方面，既要增设反映科技成果的科目，又要加强基础学科教学，还要增设公民职责课和生活指导课。在优化教学过程方面，把教师的主导作用和学生的主体地位结合起来，把统一要求和因材施教结合起来，充分利用现代化教学手段，严格考试制度和毕业要求。

教学质量管理主要通过教学检查和教学评价进行。教学检查是我国传统的教学质量检测手段。完善教学评价体系有利于及时发现教育体系中的成绩和问题，从而为教育决策提供依据，也能帮助社会公众了解教学改革。近几年来，我国的教学评价有了长足的发展，各种各样的评价方案应运而生，教学评价的科学水平日渐提高。

教学检查不等同于教学评价。尽管二者在检测、考核教学情况，改进教学活动中，确有相同的一面，但也存在区别：教学检查是教学评价的必要手段和前提，教学检查可以为教学评价提供必要的教学资料信息；教学评价是教学检查的进一步深化，教学评价重在做出价值上的判断，能促进教学检查的深度和广度的提高。二者既互相独立，又互相依托，共同统一于具体的教学质量管理之中。

第五章　学校管理

第一节　学校管理概述

　　学校管理是学校对本校的教育、教学、科研、后勤和师生员工等各项工作进行计划、组织、协调和控制的活动。管理的主体和客体都是学校自身，即学校对自身的管理，区别于教育行政部门对学校进行的教育行政管理。学校通过管理，把各项工作及其组成要素结合起来，发挥整体功能，以实现其对学生的培养目标和各项工作目标。

一、特点与表现

（一）学校管理的特点

　　以"学校发展、育人"为目的，制度化、人性化，与物质生产领域不同的特殊管理活动。

（二）管理与领导的关系

　　他们都是组织中的活动，其目的是一致的，是共同的组织活动中，领导作为一种特殊的管理活动而存在，是总体管理活动的一个组成部分。

（三）管理与领导的区别

　　实际上把管理分为广义和狭义，领导和狭义的管理相比较，在活动层次上，对象、范围、任务和手段等方面都有不同，此时的管理仅能在决策层次上，对具体对象所进行的职能性实务活动，即实际掌管、治理和安排某种事务，做出技术性处理。在学校管理中，从总体上讲，管理宜取广义理解，以概括学科领域范围内的全部内容，当分析具体问题时，应取狭义理解，同领导作概念并用。

（四）学校管理的表现

一是国家和政府所属的各级各类教育机构对学校的管理，二是学校自身的内部管理。

二、研究内容与方法

（一）研究内容

教育管理的主要研究内容包括：目标、原则、内容、过程、方法、制度、管理者。

1. 目标

办教育、管学校是一种有目的的活动。学校的一切工作，最终无非是为了有效地实现某种预定的目的。

2. 原则

有效地开展学校管理活动，必须按照客观规律办事，否则，有了正确的目标，也是可望而不可即的。

3. 内容

在学校中，管理工作的门类很多，根据学校的特点，以育人为核心的以及学校管理的基本要素，人财物以及与此相伴随的各种特殊要素。

4. 过程

对学校各项工作的管理都是动态的。管理活动的程序性和周期性运转，是学校各项工作趋向目标的进程。

5. 方法

学校管理工作要讲方法，没有科学的方法，目标很难实现，所以要具体地研究管理方法问题。

6. 制度

学校是有目的、有组织、有领导的人群集合体，要维系人群，协调各种活动，必须建立适合自身特点的组织制度。

7. 管理者

学校工作目标由管理人遵循合乎规律的管理原则，运用科学的管理方法，对各方面工作开展有效管理活动才能完满实现。

（二）管理方法

1. 尊重人

作为学校管理工作的领导者，要尊重教师，善于调动他们的积极性。尊重教师，首先要用平等的态度对待教师，用朋友的身份与教师交往。领导者如果居高临下，冷若冰霜，就会在校长与教师之间树起心理的障碍，形成心理的隔阂。其次要尊重教师的个性，每个教师都有自己的个性，在他们做好本职工作的前提下，校长不要过分地追求管理要求上的整齐划一，不要用死板的条条框框去限制教师充满创造性的教学活动。

2. 理解人

教师的工作是复杂的、隐形的，不可单纯以时间来衡量，这就需要校长对教师的工作性质、工作量给以理解。作为学校管理者应做这方面的有心人，融洽与教职工的关系，这样，教职工也会视领导为知己，他们就容易在国家、集体、个人之间的关系上找到最佳结合点。作为校长，应注意主动和教师交流，增进沟通和理解，拉近管理者与教师的距离。用爱心、关心、真心、诚心打造既严谨有序、宽松和谐的教职工群体，使管理者和教师成为彼此信赖、相互尊重的知心朋友。

3. 关心人

教师承担着教书育人的重任，承受的心理压力也比较大。作为学校管理者，必须设身处地地替他们着想，多方关怀，减轻或转移他们的压力，让他们以较好的心理状态进行教育教学工作。

教师是一个个活生生的人，他们有思想，有感情，有独立的人格，有各种需要，渴望自身价值的实现。要关注教师的这些需求，帮助他们实现发展价值。

第二节　学校管理理念

一、管理目标：以人为本

新课改中学校管理的目标是建立以人为本的管理理念，人本化管理在学校管理中表现为：尊重人、关心人、解放人、激励人和发展人作为学校管理的指导思想，将人作为管理之中的主体，使学校的人力资源得到充分的发挥，在学校管理过程中实现学校中每个成员的目标和学校的整体目标。人本化管理的特征是将"人"作为管理核心，使用信息、财、物等管理要素，配合"人"进行管理，改变传统学校管理的服务对象，将学生、教师和家长纳入服务对象之中，教师使用敏锐的观察力，观察学生行为的含义，认识到学生的感知方式，在管理过程中使用情感移入的方式。

贯彻以人为本的教师管理，需要加强对教师的信任，使教师的专业化程度不断提高。教师在学校管理中是被管理者同时又是管理者，因此，在学校管理中占有重要的地位。传统的学校管理理念没有重视教师作为管理者的作用，缺乏自身主动性的发挥，无法参与学校各项政策的建设之中，只是作为传达学校各项政策的媒介，没有将主人翁的作用充分发挥。学校应该满足教师自我实现和尊重的需要，充分发挥教师在管理之中的主体性作用，了解教师的所思、所想，满足他们的情感需要和物质需求，激发教师在教学中的积极性和创造性。不断促进教师专业化水平的提高，教师在工作过程中应该不断吸收新的知识，促进自身的发展。学校应该对教师的创新进行鼓励，使教师在工作之中形成独特的工作作风和教学风格，使用适用于学生的教学方式，充分发挥他们的主观能动性，将学校管理组织建设成为学习型的组织，与不断发展的学习型社会相适应。加强对教师的在职培训，促进教师的不断发展，学校为教师提供财力等方面的支持，引入竞争机制，针对学生的特点，使教师向智能型不断转变。树立以学生为本的发展理念，强调在学校管理中学生的重要作用，充分发挥学生的自身价值，挖掘学生的潜能，促进学生的全面发展，尊重学生的尊严和价值，在对学生身心发展规律进行研究的基础上，根据素质教育的原则，按照其自身的发展规律进行教学，并根据客观条件的变化对课程的设置等问题进行调整。针对学生的状况，选择合适的教学方式和教学方法，激发学生在学习过程之中的积极性和创造性。求同存异，促进学生个性化的发展，通过学生参加各种社会实践活动，培养学生的各项潜能，同时学校也可以通过这种实践性质的教学形成独特的教学特点和教学理念。

学校管理的目的不是简单地向学生灌输知识，而是促进学生综合能力的提高，改变学生的人生观、世界观和价值观，使学生的发展与社会的发展相适应，建立完善的教学评价系统，新课程明确指出了教学评价系统不仅要对学生的成绩做出评价，而且要不断挖掘和发现学生的各项潜能，使学生能够认识自身，建立足够的自信，更好地面对挫折和挑战，同时改变学校的课程结构，满足学生发展的需求，提高学生参与学校管理的积极性、主动性和适应性，最终促进学生学习方式的转变。建立有家长参与的董事会，贯彻以人为本的家长管理，由家长、教师和学生共同管理和决策学校的事务，减少学校管理权集中的现象。使学校的决策向民主化的方向发展，真正了解学生、教师和家长的需求，调动他们按照学校制度工作的主动性，转变以往金字塔结构的管理层次，增加家长参与学校管理的权利。

二、管理原则：注重绩效

在实施学校管理的过程中注重管理绩效。从管理学的角度上看，绩效就是对组织期望发生的结构，是组织为了实现目标在不同层次上的输出。绩效包括效益和成绩，是管理活动的成效和结构。在学校管理中管理绩效表现为学校组织者的行为方式和行为结构产生的效益和成绩，是对全体教师和学校各个组织之间职能履行能力的评价，学校领导班子通过对绩效的重视，来对教师和学生的工作能力、工作结果和工作行为进行评估，使教职工能够达到预期的管理目标，最终使教师和学生取得优秀的成绩，促进学生创造、稳定和可持续发展。建设科学的学校领导组织结构，不断提高教师和学生的满意程度和组织的绩效，使学校得到发展，同时要建立科学的工作团队，通过团队中每个领导的努力，产生积极的整体性作用，使团队整体的绩效水平大幅度提高。

学校领导重视对绩效管理的重视，实行治庸问责的制度，可以使教师对学校的归属感不断增加，通过绩效管理使学校的管理目标和教师自身的发展目标相适应，学校和教师一起完成工作的目标。教师应该清楚地知道学校绩效和自身绩效之间的关系，充分体验到工作任务，促进教师努力完成自身的工作，最终使学校的目标得以实现。学校的领导对绩效管理进行反思，使用科学的方式对自身进行评价，正确认识学校的全体职工，建立科学、准确的绩效评估标准，为教职员工的培养、使用、分配、调整、晋级和聘任提供科学的依据，使教师的责任和行为不断向规范化的方向发展，促进激励机制和竞争机制的形成，最终使学校得到全面的发展。学校领导应该在绩效管理之中不断反思自身的行为，总结自身的经验教训，建立起一套完善的科学的学校绩效管理体系。

学校管理者重视绩效管理有利于提高校长自身的专业化水平，当校长在日常的事务性管理之中，一旦面对难以控制和突发性的问题时，应该不断在实践之中进行反思，加强对问题解决的能力。针对学生的实际情况，学校领导可以建议根据新课程改革的理念，对学生的教材进行改革。针对新课程改革的特点，应该充分发挥学校领导班子的集体性作用，促进学校领导责任心的不断加强。学校领导通过参与学校的管理实践，对自身和学校存在的问题不断发掘，针对自身的发展目标和学校的发展目标构建出学校未来的发展计划。

同时，加强对学校领导的绩效管理，有助于学校管理效能的提高，具体来说就是要着眼于学校管理工作之中的实效性，使学校的领导能够充分使用学校的人力、物力、财力和其他资源，提高教育教学任务的效率和质量。绩效管理的核心在于对学校资源进行合理的优化配置，在直接实施了学校的管理活动之后，充分调动教职员工的创造性和积极性，提高学校管理的效能，培养具有强势能力的管理者，即校长本身需要拥有优秀的管理素质，善于对学校管理进行控制和智慧，不断完善学校领导个人素质的提高，提高其科学地进行决策的能力，在提高学校管理效率的同时，建设和谐的学校文化，最终促进教育品质的提高和资源的优化配置。

在学校管理中实施治庸问责的制度，有利于建设具有和谐文化的校园环境，实现学生和教师之间的和谐相处，以民主和法制作为管理的关键，对学校内部和学校外部的资源进行优化配置，构建平等友爱、互相团结的学校环境。

三、管理制度：科学民主

学校管理要重视管理制度的科学民主性。在管理制度制定的过程中，要体现民主化的特征，积极听取教职员工广泛的意见，吸收各方面的合理建议。在进行教代会之前，要对每个教师的提案进行考虑，使每个教师都充分参与到会议中来，减少校长"一言堂"的现象。将每个教师都纳入学校管理之中，建立一个由教师、校长和学校中层领导组成的组织，对教师的提案进行记录和分析，及时进行回复，采纳有建设性的意见，并对提出这些意见的教师及时给予表扬。对教师提出的在学校管理中存在的不足之处，要限期进行整改，培养教师自觉参与学校管理的意识。

提高在学校管理过程中的民主性特征。在以往的管理结构之中，管理人员只是简单告知了应该如何执行项目，但是没有考虑到基层教师的看法，新的学校管理制度应该重视学校领导和教师共同参与到学校管理之中。校长应该寻找合适的机会，将学校管理的责任和权力交给基层的教师和职工，使他们能够解决与自身最相关的问题，将管理作为每一个教职员工的责任，通过教职员工的民主参与，对学校的管理实施监督，调动他们对学校管理的积极性和主动性。要想实现管理制度的全员参与，避免校长"一言堂"的现象，就要转变以往扁平化的管理层次，加强对管理执行能力的建设。通过对工作过程和工作内容的民主化决定，不断完善学校管理的方式，增加学校中层管理者的责任心和主动意识。同时还要提高校长自身的管理技能，在集体化的沟通之中不断改进和思考，帮助团队整体管理能力的提高和改善，增加团队协作能力，促进团队人员的共同进步，真正增强管理目标的有效性。

　　校长要增加与其他管理者之间的合作与交流，校长对学校管理的程序会受到很多因素的限制，因此要在管理工作之中听取多方面的意见，充分发挥学校教职员工的集体性智慧，通过团队协作，使自身能力的不足得到弥补，使学校管理制度向科学化的方向发展。只有将更多的教职员工参与到学校管理制度建设的过程之中，才能增加学校管理制度的科学性。同时，校长要充分发挥其在教育之中的重要作用，培养自身的专业素质，使知识结构和业务能力不断增强，使用科学的人生观、教育观和质量观进行学校管理工作，针对学校管理工作的特点，建立起完善科学的管理思路。同时，校长应该加强自身的服务意识，使用科学的方式进行学校管理，在管理过程之中充分发挥榜样示范作用，树立良好的自身形象和学校形象，及时解决问题和发现问题，将为学生和教师服务的意识落到实处，不断深化教学改革，推进素质教育。

　　校长在管理的过程之中还要坚持以人为本的科学思想，彻底落实素质教育的要求，促进学生的终身发展和全面发展。作为学校领导，应该竭尽全力为学生和教师服务，在学校管理的过程之中引入奖惩机制，使用制度和情感对学校管理进行约束，将以人为本的服务意识贯彻到学校管理之中，加强学校的创造力和竞争力，最终提高学校的办学水平和教学质量，以诚实的心态对待师生，以真挚的情感打动师生，以道理说服师生。学校领导在实施科学管理的过程之中要将开展学生的自我管理和教师教育的评价相结合，将四个整体的负责制全面实行。最终通过校长的示范作用，培养出一个乐于奉献、科学高效、多元参与的管理团队。

四、管理评价：注重过程

　　学校管理的过程就是学校进行管理决策活动的过程，学校管理是围绕着实现决策、执行决策和制定决策来进行的。一个学校决策能力的高低会影响其管理效能。

　　学校管理的决策应该是一个完整的过程。学校的决策过程会对学校未来的发展状况、发展原则、发展内容和发展目标进行选择，涉及学校管理之中的各个方面。例如，在学校开发课程的过程之中，包括确定课程题目、调研学校情况、组成科研队伍、合理安排科研经费，只有对这些问题进行全面的、合理性的研究之后，才能做出决策。

因此，学校管理的领导在面对服务对象——学生时，更要重视学生学习的过程，避免过分看重结果的现象。切实地参与到教学过程中，尊重学生的个性和尊严，了解学生的所思、所想、所感，不仅了解学生的学习需求，更要了解学生的生活需求。只有在这种充分沟通的接触之上，才能全面了解学生急需解决的问题。在制订教学计划的时候，一定要避免题海战术，应该有针对性地让学生养成预习的习惯，在上课之前主动地对新课程进行学习，找出课程的难点和重点，增加在学习过程之中的主动性，培养学生独立写作业的能力，在思考之后才开始写作业，减少因为粗心而造成的错误，不断纠正学生在学习过程中的错误习惯，让学生充分利用课堂时间，在教师布置作业之后马上开始，增加学生对于时间的紧迫感，最终通过学校领导对教学的安排，增加了学生的自信，养成良好的学习习惯，提高了学生的学习成绩和综合能力。

转变在校长领导下的政教处、教务处和办公室的管理方式和管理职能，使它们不断适应新课程改革的发展。在社会主义市场经济不断发展的今天，学校的管理者应该加强对教师的道德建设，在实施管理的过程之中，着眼于师德师风的建设，将道德作为政策实施的落脚点。教师通过不断提高自身的道德水平，用自身的威信和能力影响学生，通过道德伦理加强与学生之间的沟通，教师不断提高自身的创造性、示范性和知识性，在对学生进行教育的过程之中严格遵守相应的行为规范和道德准则，根据时代的发展不断促进自身道德素质的提高。教师应该不断培养自身的业务能力和科研能力，创造出与学生良好的沟通环境，在学校中建设出一种尊重学生、尊重知识的氛围，反对那些不尊重学生的错误思想。同时加强对教师的培养，使教师具有持续发展的能力，使他们的理论修养和道德水平不断提高，促进教师今后的发展。

第三节　学校管理体系的构建

一、从控制管理走向人性化管理

新形势下的学校管理体系应该从控制管理向人性化管理发展。人性化管理制度服务于教师、学生和其他学校利益的相关者，坚持以人为本的思想，这里的"人"包括学生、教师和校长以及其他学校管理者。同时不断完善学校管理制度的建设和学校管理方法的创新。作为学校管理的新观念，在新课程改革的过程之中强调人的重要性，确立人在学校管理之中的重要作用，在学校管理之中将发展人、关心人和不断调动人的创造性、积极性和主动性作为管理的出发点和落脚点。在管理的过程中重视对学生学习的管理，和对教师的教学管理。因此，学校在管理的过程之中，应该将以学生为本的思想落到实处。使学生得到全面的发展，同时坚持以教师为本的思想，使教师在教学之中的主体性作用得到充分的发挥。在学校管理实施的过程之中，不断加强教学课堂的民主化建设，使学生在课堂之中始终感受到和谐、宽松的氛围。

在学校管理过程中贯彻以教师为本的管理，加强对教师的尊重和信任，使教师的专业不断发展。教师在学校管理之中有重要的地位，充分发挥教师在教学之中的创造性和积极性，满足教师对自我实现的需求和尊重的需求。学校管理者尊重教学在学校工作之中的主体性地位，充分了解教师的业务水平和思想水平，正确地任用教师，充分尊重教师的心理特征，调动起教学工作的积极性，提高教师的专业化水平。鼓励教师进行探索和创新，不断改进教师的工作作风和教学方式，合理运用教学规律，将学生培养成与社会经济发展相适应的人才。重视对教师的在职培训，使教师的业务水平不断提高，学校领导为教师的在职培训提供人力、物力和财力上的支持，提高教师队伍的水平，建设高素质的教师队伍。建立科学、全面的评价体系，在评价的过程之中要重视学生的潜能开发和综合性发展，要求树立以学生为中心的评价理念,在对教师进行评价的过程之中,转变以往的奖惩性评价、管理性评价和静止性评价,在评价之中促进教师业务能力的发展。

同时树立以学生发展为本的理念,强调对学生人格和自尊心的尊重,充分挖掘每个学生的潜能,使学生的自身价值和个性都得到充分的发展。在制订教学计划的时候,应该充分了解学生的发展规律,将素质教育落到实处。按照学生的发展规律进行教学,针对学生的接受能力和学习背景制订出教学的进度,根据学生的客观情况不断调整教学方式,使学生学习的积极性和创造性不断提高。在人性化的管理方式下,根据学生的成长规律和学生的需求,提高学生对学习的兴趣,培养学生掌握信息和进行创新的能力,为学生的终身学习打下扎实的基础,使学生的创造能力、应用能力和分析能力得到提高,提高学生的学习能力。人性化的管理还要实现学生的全面发展,不仅向学生传递知识,还应该不断挖掘学生的潜能,强调在教学之中不断适应学生个体发展的需要,帮助学生更好地认识自我,建立强大的自信心,养成积极学习的态度,在教授学生基础知识的过程之中,培养学生的基本技能,在学生学习基础知识的过程之中,培养学生正确的价值观念。要改变课堂结构,适应有不同教育背景和教育基础的学生,使课程向选择性、均衡性和综合性的方向发展。

不断加强学生生活和课程内容之间的联系,增加学生学习的经验和兴趣,鼓励学生积极参与到学习中间,增强学生对课程的适应性。同时,使用人性化的管理方式改善学生的学习方式,转变学生在学习过程之中的认知取向和基本行为,培养学生合作、探索和自主的能力。比如在课堂上,很多学科均可尝试采用自主合作模式的教学方式,同时认真分析,总结教学经验,真正地将学生作为课堂的主体,将教师作为学生的服务者和引导者,以此来激发学生的学习兴趣和创新能力,提高学习中相关的语言组织能力及团结合作意识。总之,类似先进的教学方法和教学思想,学校和教师可以根据教学实际进行尝试,并在工作中创新和深入。

建立平等的师生关系,在教育的过程之中实现学生的共同发展,在培养能力的同时传授知识,使学生主动地学习,教师在教学的过程之中要对学生的人格充分尊重,关注学生的个体性差异,针对不同学生的需求,创造适合学生发展的教学环境，使学生的积极性和创造性得到发挥，提高学生正确运用知识的能力。

总之，学校管理的归宿和起点都是人，管理活动的始终都要坚持人的重要作用，管理的手段和管理的方法应该围绕人展开，充分发挥人的主观能动性，使人的内在潜力得到充分的发挥，促进人性化管理的不断发展。

二、实施学校管理的绩效评价制度

在实施学校管理的绩效评价制度时，首先要加强学校的制度建设。随着经济的不断发展，学校的规模也不断发展壮大，因此在建设绩效评价体系的过程之中，要转变以往的管理制度，实现评价制度的智能化特征，增加学校在评价过程之中的执行力和效率性。评价制度应该具有约束性的特征，因为制度体系的建设是完善绩效评价体系的根本保证，学校应该使用制度化的规范，对各个部门和教职员工的绩效进行考核，减少在评价体系实施过程之中擅自行动和无所适从的情况。学校对领导的考核制度还不够完善，会使领导产生散漫的工作习惯和生活习惯，使学校的绩效评价体系无法顺利地实施。

在实施绩效评价制度的过程之中，经常使用多种指标综合评价的方式，通过这些指标反映出学校的投入要素和产出要素。学校的实力是通过产出的质量和数量决定的，因此，仅仅将投入的要素作为对学校领导的考核标准是不正确的，应该从学校的投入和产出两个方面对学校领导进行考核，从而实现真正意义上的绩效评价。

在对学校领导进行考核的过程之中，应该首先确定评估需要的指标，从教学的产出和教学的投入两个方面进行综合性的考量，从绩效评价的方面来说，评价学校领导的教育投入不该包括学校的学生情况、师资资源、学术资源和物资资源，而应该只考虑财力资源。从绩效管理的实施情况来看，学生情况、师资资源、学术资源和物资资源都是历史性的投入，如果在学校的投入之中计算，无法对学校领导的绩效评估做出准确的判断。同时，在计算学校产出的过程之中，不应该将学校吸收的财政拨款和其他的收入进行重复性的计算，这样做会使学校以往的绩效和现阶段的绩效相重合。在对学校领导进行绩效考核的过程之中，应该将资产资源划入学校领导的绩效范畴，通过减少相关性很强的项目，提高学校领导绩效的权重和数目，最终使学校不断发展。绩效评价是一种特殊的管理行为，学校领导的绩效，尤其是学校校长的领导绩效是一种具有很强竞争力的能力，对于那些具有强势竞争力的对手来说，合理的绩效评价体系会使学校的竞争能力得到提高，保持学校的竞争优势和战略优势，因此能够反映学校校长绩效的绩效评价体系，将会对社会的发展和学校竞争力的提高产生重要的作用。

在对学校领导进行绩效评价的过程中，要综合教育投入和教育产出两个方面进行考虑。教育投入指的是国家财政拨款、自己筹划的经费、学生缴费、银行贷款和其他收入的总和。教育的产出指的是在社会主义市场经济之中，学校所拥有的办学资源、教学产出、科学研究等总和。办学资源指的是学校拥有的人力、物力和财力以及自主办学的能力，学校应该对社会和国家投入的教育经费自主支配，重视对教师队伍、基本教学条件和建设，使学校的绩效不断提高。因此，对师资力量的引进、对学科的建设和基础性建设是教育产出的重要指标。学校的教学产出包括学校的教学质量和毕业学生的质量。学校的科学研究能力是社会赋予学校的重要使命，科学研究能力是反映学校竞争能力的重要因素，是学校为社会做出的重要贡献。

学校领导的绩效，是学校领导所带领的整个团队在学校管理的过程之中付出的努力和获得的巨大成绩。投入和产出的比例，就是学校的绩效，在绩效之中不应该包括规模绩效和历史绩效，应正确地使用人均指标，对学校领导的绩效进行科学、高效的评价。学校校长通过评价指标促进学校的不断发展，将教育改革落到实处，更好地实现新课程改革的要求。

同时，加强对校长的评价制度建设。学校校长的绩效评价目前仍然将考核作为主要的方式，缺乏合理的系统的评价方案，考核有任期考核和年度考核等两种方式，年度考核采取每年一次的方式，任期考核在校长的每个任期之内举行一次。考核的内容包括对政绩、德、能、勤的多个方面。可以采取群众评议、校长述职和请上级组织进行评定的方式进行。对校长实施绩效考核的目的是了解校长职责的履行情况，作为对校长奖励、晋升、留任或者解职的重要标准。绩效管理作为学校管理的重要环节，可以为校长在制定人事决策的过程提供基础性依据。绩效评价是指学校领导对其担任的职务的执行程度，以及担任这种职务的水平，针对这种水平进行客观的评价和考核的过程。绩效评价的主要作用是促进学校领导的职业能力和管理能力共同发展，促进其不断进步。一些国家制定了对校长进行绩效评估的基本标准，我国应该不断加强对先进经验的学习，提高校长的领导效能。配合校长的绩效评价制度，开展有针对性的培训制度，将在职教育、职前教育和职后教育相结合，形成完善的校长培训制度。当然，这种以考核作为标准的绩效评价体系是一种奖惩性质的具有外部控制的评价，缺乏对校长工作的促进和指导，不利于校长管理能力的发展。新课程改革强调在进行绩效评价的过程之中用发展的眼光看待问题，对校长的评价也应该如此进行。使用发展的眼光对校长的工作进行指导，将绩效评价的中心放在促进校长的专业发展之中，建立起一套合理、完善、高效的校长绩效评价体系，最终促使校长领导能力的提高。

三、保证校长管理权力的有效监督

校长负责制的实施，突出了校长在学校管理中的地位，但是很容易导致校长"一言堂"的现象。

在学校实施管理的过程之中，包括校长在内的学校行政领导应该对教职工大会的民主监督和民主管理权利尊重和支持。教职工民主监督权利的实施，需要通过教职员工大会来实现，因此不定期召开学校教职员工代表大会，在教职员工代表大会闭会期间可以加强校务公开的工作，促进民主监督的不断发展。定期将自己的工作向教职员工大会报告，认真执行教职员工大会产生的决议。对教职员工大会的提案要派出专人进行记录，及时处理，自觉接受民主管理，为教职员工大会的顺利召开提供人力、物力和财力的支持。相应的，学校工会和教职员工大会尊重学校的行政系统实施指挥权，积极参与到学校管理方案的制定之中，对原则性问题积极讨论，提出与这些原则和方案相关的建议和意见，同时要注意不能包揽行政部门的事务和工作。教职员工大会制度是学校进行民主监督的核心，而在学校的管理工作中校长处于核心的地位，因此学校涉及教职员工切身利益的问题应该首先在教职员工大会上进行初步确定，对于学校日常的行政性事务工作应该由校长领导的行政班子负责，可以不通过教职员工大会进行决策。校长等行政领导在制度和法律的允许之内执行权力，学校的公会和教职员工大会就不应该过度地干涉，教职员工对校长管理权力的监督必须按照制度和法律的规则进行。加强对校长的监督，提高民主监督的水平有利于使校长行政管理的科学性和有效性大幅度提高，保证以校长为首的行政部门可以全面、科学地制定学校各项规划和制度，提高教职员工对学校各项工作的支持和理解程度，同时可以促进教职员工大会在职权的范围之内更有效地开展工作，增加教职员工参与学校民主监督的积极性和创造性。在学校管理工作之中，虽然不能保证校长决策的一贯正确，但是可以通过民主监督的有效实施，保证校长的最佳人选，及时改正校长做出的错误决定，使校长在学校管理中的作用得到充分发挥。教育工会是学校不断发展的重要力量，教育工会可以使教职员工有效地参与到学校管理工作之中，提高学校民主监督的能力，最终促进学校整体的发展。

保证学校事务的公开化和透明化，不仅有利于民主监督的实施，而且可以促进学校各项政策依照法律进行，加强校长和教师之间的联系，确保在学校管理之中的廉洁性和公开性。保证学校事务的公开化和透明化的核心是公开，保证学校事务的公开化和透明化的关键是真实，保证学校事务的公开化和透明化的实质是监督，保证学校事务的公开化和透明化的基本载体是学校工会，其目的是促进学校的民主建设。在校务公开的过程之中，要对烦琐的校务工作有充分的认识，首先，在学校中树立起对校务公开的正确认识，建立一套完善、高效的校务公开运行机制和保障体系，形成工会组织、行政负责、党支部领导和群众多方面参与的体系。其次，建立完善的规章制度，对需要公开的内容、形式、程序等因素有深刻的认识，针对学校在不同阶段的实际情况，及时调整学校管理方式，不断进行创新和完善。同时在学校管理之中运用网络技术，扩大校务公开的发展空间，在校务公开的过程中明确责任制，教职工大会对以校长为首的校务公开工作进行监督，明确各个管理者之间的责任，促进校务公开的实效性和真实性。

在实施民主监督的过程之中，要充分认识到学校教职员工的主体性地位，在完善教职员工代表大会制度之后，对校长行为进行监督，保证校长决策的科学性和正确性，使学校科学地不断发展。在对校长实施民主监督的过程之中，要不断落实教师的合法权益，在学校中推行教师、行政领导和校长之间平等的关系，虽然具有不同的分工但是权利和责任分明，促进教职员工进一步参与到学校管理之中。教职员工代表大会将对校长的民主监督落到实处，满足教职员工的需求，推动我国教育事业的不断发展。发展从源头上落实民主监督工作，对校长的任用方式和选拔方式进行改革，转变现阶段以委任为主的方式，使广大教职员工在选举校长和罢免校长上有自己的权力，除了委任制的方式之外，可以采用招聘、选任、考任的方式对校长进行选拔。

在选举校长的过程之中运用科学的民主监督机制，不仅可以保证集体利益和国家利益，使校长将学生、教师和家长的利益放在首位，还可以保证校长在进行学校管理工作之中的科学性和准确性，促进民主监督机制的不断完善。

总之，在全面推行中小学校长负责制的今天，加强学校的民主监督十分重要，只有建设完善的民主监督体系，才能够将校长负责制落到实处，保证教职员工参与学校管理工作的积极性、创造性和主动性，推动学校的健康发展。

四、构建多元合作的学校管理模式

建设多元合作的学校管理模式，要求学校建立开放型的管理观念，使学校教育走向社会、走向生活，加强学校和家庭、学校和社区之间的互动，学校应该参与到课程的建设之中，承担开放课程的主体责任，将学校的课程开发落到实处。建设多元的、动态的学校管理体系。教师应该转变教学之中的门户观念，让学生在学习过程中保持开放性的心态，对知识进行整合、吸收和学习。在教学过程之中建设开放型的学习型组织，加强学生的生活积累和知识经验。因此，新课程改革需要对学校、社会和家庭的教育资源进行整合，使教育发挥最大的能力。

构建多元合作的学校管理模式的本质是教育管理的分权化，即学校管理的权力在不同的组织和教育机构之间如何分配。近年来，我国在教育管理上不断放权，教师作为放权的主体，给予教师自主性权利，针对学生的特点和学校的特点，对教材的选择、教学方式和课程设置进行自主性选择，在进行教育的过程之中，避免外来因素对教学活动的影响。校长作为放权活动的主体，享有办学的自主权，校长可以通过经费的自主使用和管理的自主实施，在选择教师上充分行使自主权，对学生的招收自行决定、自主规划，并针对学校的整体发展战略制订相应的发展计划，建设符合学校发展的校园文化。在学校管理之中，加强了家校合作，正符合了教育管理分权化的发展趋势，有助于学校的发展。

在构建家校合作的管理模式时，应该不断完善家长委员会的职能。虽然大多数学校设置了家长委员会，但是其职能并没有得到充分的发挥，家长一般只关注学生的学习成绩，对子女的了解途径十分单一。要不断完善家长和学校之间的信息沟通机制，加强学校对家长委员会的联系和宣传工作，帮助家长实现在课堂上有针对性地听课，对教师的教学工作进行评价，参与学校的发展工作，深化家长委员会对学校管理的参与层次。目前，我国家校合作管理模式已经有了较为成熟的发展情况。

教师、学生和家长都充分认识到了多元化学校管理模式的重要性，通过自身权利的有效实行，能够促进学校开放型管理的实施。在经历了一味追求学生成绩和升学率的阶段之后，家校合作促进了素质教育的展开，提高了学校的教学质量。随着社会发展程度和开放程度的不断提高，家长的个人素质也不断提高，为家校合作打下了扎实的基础。

在加强教师、学生、家长和社会之间的联系时，首先，应该加深家长对参与学校管理的认识。学校的管理者是学校外部力量和学校内部力量结合的桥梁，是教师、学生和家长共同创造民主、和谐的校园文化的前提，家长是家校合作之中的关键人物，能够对家校合作做出具体的策划工作和组织工作。教师经常和家长进行接触，教师的工作方式和态度会直接影响学校教育工作的成果。很多家长对家校合作的认识还不够全面，虽然教师和家长都能够认识到参与学校管理的重要意义，但是却无法深刻地认识应该如何参与到学校的事务之中，在学校制定重大的政策时，参与程度很低。

针对这种情况，学校应该主动配合媒体对家长进行引导，使家长不仅参与到对学生的管理之中，转变只重视学生成绩的做法，与学校配合，为学生建立一个良好的学习环境和生活环境，使学生全面发展。其次，完善家长和社会参与学校管理的建设，通过立法的形式保证家长和社会参与到学校管理之中的正当权利。完善的法律制度是家长和社会参与到学校管理之中的基础，应该明确三者的责任。最后，建立完善的家长参与的组织机构，建立地方性或者全国性的家长组织机构，这些组织和机构，可以在学校、地方和全国这三个层次之上积极地参与到学校管理工作之中，让这三个层次相互联系、相互呼应，不断推动教育事业的发展和改革。参照国外的优秀经验，可以建立省级的家长联合会，对家长参与学校管理的方式和途径进行宣传，并指定专人为家长提供帮助。与之对应，学校应该加强对家长参与机构的建设，增加家长参与的广泛性，使家长代表能够充分反映全体家长的意见，在组织机构之中，不仅有家长的参与，还应该包括学校的领导、教师和相关的教育专家，除了家长代表之外的人员应该由家长选举产生，避免由学校制定的方式，增加家长参与学校管理的建设性，加强学校、家长和社会之间的沟通。同时，学校要不断完善学生的家长会制度，将不定期举办的家长会制度化、定期化。在举行家长会之前，要先通知家长，减少因为家长工作关系无法参与到家长会中的现象，同时家长只有充分地准备，才能够从学生和自身的实际情况出发，为学校管理提出宝贵的意见。将家长纳入教师和学校工作的考核之中，教育部门应该对家长参与学校管理的情况进行考核和监督，引入奖惩机制，配合完整科学的考核体系，教师积极配合家长对学校的管理工作，转变学校一味追求成绩和升学率的观念，促使学校和家长提高对学校管理的重视，充分调动家长和社会参与学校管理建设的积极性，最终使学校多元化的管理模式不断发展。

五、完善"过程—发展"评价体系

学校应当建立多元的、动态的教学评价体系，即"过程—发展"的评价体系。建立科学、全面的评价体系，在评价的过程之中要重视学生的潜能开发和综合性发展，要求树立以学生为中心的评价理念，在对教师进行评价的过程之中，转变以往的奖惩性评价、管理性评价和静止性评价，在评价之中促进教师业务能力的发展。教师不仅需要在教学过程之中对教学进行改进、总结和反思，使教师在教学之中不断提高自身的内在需求，促进教师专业能力的发展。因此，在教学过程之中不应该再将教师简单地分为优、良、差等若干个等级，并在此等级的基础上对教师进行奖惩，而应该为教师提供资讯信息和反馈信息，帮助教师进行总结工作和反思工作，并针对教师在教学之中的优势和劣势，分析问题产生的原因和不足的根源，找出克服缺陷的具体措施，找出合适的改革途径，使教师的教学能力不断提高，最终促进学生的发展。在评价的过程中让学生、家长和其他同事共同参与，从多种渠道得到教师教学情况的反馈信息，从直接方面和间接方面反映教师的工作情况，促进教师教学工作的发展、提高。在执行由过程到发展的评价体系的过程之中，会遇到很多难题，学校希望通过规章制度对教职员工的行为进行约束，使用考核制度提高学校的执行能力，但是一些教职员工并不愿意遵守新的规章制度，在实际工作之中这些规章制度制约了教师工作的主动性和积极性，不合理的制度影响了学生和教师的活跃性、积极性和民主性，产生了一些逆反心理。完善"过程—发展"评价体系，可以促进学校资源的优化配置，提高学校的竞争能力，寻找提高学生学习成绩的突破口。"过程—发展"评价体系是一个不断发展着的过程，有助于保证学校各项任务的有效实施，使学校的整体战略得到实现，通过这种行之有效的绩效考评不仅可以提高学校对决策的执行能力，提高教师的教学水平，更能够促进学生的发展。在评价体系实施的过程之中，要转变以往将教学作为主体的现象，认清评价的目的，将是否能够促进学生综合能力的提高、是否能全面地挖掘学生的潜能作为评价的重要标准，不断对学生的效益层面加深关注。在评价体系实施的过程之中，要协调教师和学生之间的矛盾，真正让教师了解学生，提高教师在教学工作之中消除矛盾的能力，让教师学会站在学生的角度思考问题，最终将促进学生的发展放在评价标准的首位。

学校在制定评价体系的过程之中，应该加强对过程的重视，在考核过程之中引入奖惩机制，不仅要关注教师工作结果的好坏，而且要关注教师在过程之中付出的努力，在评价体系之中，应该加强对过程的管理和控制，避免产生奖惩错误的现象，在教师的具体实践工作之中，应该根据学生的实际情况做出评价。假如教师教授的学生存在着学习基础十分薄弱，学习背景较差的现象，教师在教学的过程之中付出了很多努力，但是学生的学习成绩无法在短期内大幅度提高。假如不能在评价体系之中考虑到过程中的这些因素，会忽视教师为教导学生所付出的努力。因为教学具有迟效性和长效性的特点，但是目前在学校管理的评价体系之中缺乏对长期效益和短期效益的正确认识，只片面地关注学生的短期效益，反而会对学校的长期利益造成不利的影响。

虽然在由过程到发展的评价体系之中要充分考虑到学生发展的因素，但是教师不能一味地追求学生的优异成绩和高升学率等。在评价体系实施过程之中过于重视学生的分数和升学率，忽视了对学生进行素质教育，使学校长期目标、中期目标和短期目标相矛盾，不利于评价体系的完善。

第六章　学校的师生管理

教育是培养人的系统工程。教育活动主要是教育者和受教育者的活动，研究教育现象必须研究教育活动的主体——教师和学生在教育过程中的地位和作用。但是，长期以来，在我国的教育理论研究中，重视研究教师，强调教师在教育过程中的地位和作用，而忽视对学生的研究，只是把学生看成是被教育的对象，忽视学生的主体作用。学校管理也大多忽视学生的作用，把学生看作是被管的对象。在教育管理的理论研究中，对学生的研究还处于一个薄弱环节。因此，对学校实行科学化管理，全面提高教育质量，必须加强对学生管理的研究。

第一节　学生管理工作的特点、观念与内容

学生管理是教育管理不可或缺的组成部分。科学有效的学生管理有助于学生养成良好的行为规范，发展学生的自我管理能力，同时也为完成学校的中心任务提供保障。其成功的经验也可为其他领域的管理提供借鉴，从而带动教育管理整体水平的提升。学生管理的目的在于帮助学生形成良好的学习习惯、生活习惯与行为习惯，使学生具有基本的自立能力、自制能力和独立生活能力，使学生能够愉快地学习、健康地成长，在德智体诸方面得到全面、和谐的发展。

一、学生管理工作的特点

学生是受教育者，是学校管理的对象，但学生是现实生活中的人，是

发展中的人，他们的思想观念、情感行为是随着社会生活条件、人际关系的变化而变化的，不是静态不变的。在教育实践中，在教育理论研究中，乃至学校对学生管理过程中，往往忽视学生的人的本质属性。马克思主义认为人的本质是社会关系的总和，每个人都有自然属性和社会属性，都存在身心两个方面的发展，学生的思想认识、情感意志、行为习惯的形成和发展，都离不开现实生活。学生是社会的一员，研究学生不能脱离现实社会。人们的思想观念在不断变化，我们的教育对象、管理对象也在变化，他们思维活跃，消息灵通，思想开放。

二、学生管理工作应树立的观念

根据学生管理工作的特点，在学生管理工作中应树立以下几种观念。

（一）树立正确的学生观

学生管理的实质在于调动学生的积极性，使学生管理得到学生配合，取得最佳效果。这就要求管理者既要把学生看成是被管理的对象，又要帮助学生树立思想意识和人生价值观。管理过程中，既要严格要求，又要尊重学生，充分发挥他们的自觉性、主动性。例如，学校管理者经常倾听学生的意见和建议，培养学生主人翁精神。像魏书生管理学生那样，有关学生的事情，同学生商量着办。不能事事由学校下命令，由教师做出规定，让学生处在被动服从的地位。商量不是迁就学生，而是让学生懂得学校规定的意义，把规定和命令变成学生的自我要求。

（二）树立正确的人才观

教育是培养人的社会活动。学生的主要任务是学习，有人认为学习成绩好的是好学生，能考上高一级学校的是人才；有人认为学习尖子将来可能是人才，学习差的也不见得不能成才，考上大学的是人才，考不上大学的也是人才，这实际上是人才观的问题。实践证明，人的发展是有差异的，专家学者是人才，在平凡岗位上为人类做出贡献的也是人才。教育工作者应树立人才层次观念，要从单一的人才观转变为多层次、多规格的人才观，对每一个学生都抱有希望，努力培养他们成为各种人才。管理者要明确，人才不是天才，天才是人才中的出众者，是少数人。我们要建设有中国特色的社会主义现代化强国，不是靠少数人完成的，而是需要教育培养众多的劳动者、现代管理人才、教育工作者、科学工作者、医务工作者、理论工作者等各种人才。这就要求管理者要面向全体学生，精心培养，引导和帮助他们成为各级各类人才。

（三）树立正确的质量观

关于教育质量问题是长期以来有争论的问题。该问题主要表现在什么样的学生是好学生。有的认为学习好就是好学生，因为学习成绩可以用分数表示。有的学校规定，各科成绩达到85分或90分以上才能评为三好生。三好生应是全面发展的学生，且在全面发展基础上，学有特色的学生。

全面发展的学生，不仅学习好，思想品德也应当好。从系统论角度分析，整体优才是最优。管理者不仅要面向全体管理，还要实现学生的德智体全面发展。管理者绝对不能以个人好恶为标准评价学生，更不能把考试成绩优劣当作评价学生的质量标准。

（四）树立正确的未来观

青少年是祖国的未来和希望，青少年不仅是国家的未来，现代化建设的希望，而且也是人类的未来。

教育是未来的事业，教育不但要为当前现代社会培养经济建设人才，还要为未来社会准备人才，这是由教育的特点决定的。为此，教育要为学生将来成才打好基础，重视学生素质培养，做好学生思想品德教育，使学生学会做人，为学生打好知识能力的基础，使学生学会学习，为学生打好身体素质的基础，使学生健康成长。管理者要立足今天，反思昨天，探索明天，按照未来社会的需要培养学生，加强学生管理。

三、学生管理工作的内容

（一）学生学习的管理

学生的主要任务是学习，学生在学习过程中，能够形成良好的思想品德。因此，加强对学生学习的管理有重要意义。

1. 研究学生学习的特点

学生的学习与其他社会成员的学习不同。学生的学习有专职教师的指导，并且在特定的环境中进行，是一种认识活动。学生的这种认识活动是一种艰苦的脑力过程，要经过由不知到知，由知到用的两个转化过程。由知到用的转化更为重要，因为通过知识的运用可以培养学生的能力，发展智力。学生的认识活动与人类的认识活动是有区别的。人类的认识活动是由实践到认识，再由认识到实践，这样循环往复，以至无穷。而学生的认识活动是理性认识开始，以掌握前人的经验为目的，前人的经验是系统的理论。学生往往从实践入手，亲自探索、发现。学生学习的书本知识，是他人实践获得的认识成果，对学生来说是间接经验，加强学生学习的管理，就要重视理论联系实际的原则，除课堂教学管理，还要加强课外、校外活动和各种科技活动的管理。通过各种活动，开拓学生知识领域，开阔视野，丰富知识，接触实践，接触社会，更好地实现由知到用的第二个转化，开辟广阔的天地，但必须明确学生的实践活动，主要是为了更好地掌握知识。对于这个问题人们在认识上是有反复的。有时候强调学生的实践活动，忽视了学生认识活动的特点，而有时候又强调学习理性知识忽视学生的实践活动。人们现在提出转变封闭式教学为开放式教学，重视学生能力的培养，重视学生的实践活动，这是正确的，但不能失控，应当吸取历史的经验教训，正确处理好学生读书和实践的关系，全面提高教学质量。

2. 研究学生的学习动机，培养学习兴趣

动机是直接推动一个人进行活动的内部动因或动力。学生学习动机是引起学生的学习活动并指引学习活动向一定目标进行。管理者要研究学生学习动机的形成规律，培养学生学习兴趣。怎样培养和激发学生学习的动机呢？要研究中、小学生学习动机形成和发展过程，一般情况下，学生开始学习时，是期望获得好成绩，这就是学生学习活动开始的动机。教师如果重视培养学习动机，就应结合本学科特点，帮助学生取得好成绩，然后再进一步引导他们确立正确的学习目的。遵循学生动机形成和发展的规律进行教育培养，经常采用的方法有：

（1）帮助学生明确具体的学习目的任务及要求，明确学习某种知识的用途。

（2）帮助学生学懂学会，用学生学习成功的体验调动学生学习的积极性。

（3）培养学生自我评价的能力，使学生自觉地调节自己的需要和行为，逐步形成正确的学习目的。

（4）开展多种多样的实践活动，培养学生学习兴趣，激发学生的学习动机。

（5）通过学习榜样，使学生在模仿他人的学习过程中，逐步培养正确的学习动机。

3. 加强常规训练，培养学生良好的学习习惯

学生掌握知识靠日积月累，学习能力靠长期训练，培养良好的学习习惯是学习的需要，也是教学的目的之一。加强学生的学习管理，应制定各种学习制度，如课堂常规、作业规范化的要求等。实践证明，结合学校实际情况，制定出各种学习规则和生活制度，是学生在学校课堂、操场、实验室、图书馆等场所进行学习和活动时必须遵循的制度。这样可以更好协调学生的集体行动，培养学生组织纪律性和有规律地学习和活动的习惯，从而养成良好的学习习惯，终身受益。

（二）学生集体的管理

学生是教育的对象。在教育过程中，教师大部分时间不是面对学生个体进行教育教学活动，而是面向学生集体进行教育的。也就是说学生个体和学生集体都是教育对象。学生集体不是单个人简单地相加，集体的目标、集体的舆论、集体给予每个人的权利和义务，把人与人之间有机地结合起来，并对每个人的思想、情感、意志、性格有重大影响。

在班级教育中，由于学生要完成统一的学习任务，他们的学习内容大致相同，年龄相仿，各班人数相差不多，这是形成班集体的有利因素，因此，教育者在对学生教育时，要重视班集体的培养和发挥班集体在教育中的作用。

学校管理过程中，通过班主任的工作，把学生组成班集体，通过班集体对学生个体进行教育。班集体的管理一般有以下几个阶段。

1. 学生之间孤立联系阶段

新生入学之初，同学之间、师生之间互不了解或了解很少。教师应通过调查研究尽快把学习情况了解清楚，并组织有关活动，创造条件使学生彼此熟悉起来。

2. 学生之间形成核心的阶段

在学生交往中，教师在全面了解的基础上，发现和培养积极分子，选拔班干部，以形成集体的核心。主要特点是建立各种组织机构。

3. 培养集体正确的舆论阶段

班集体的舆论有正确的和不正确的两种。正确的集体舆论靠教育培养，通过组织各项班级活动，营造良好的舆论氛围。正确舆论的形成标志着班集体的形成。

4. 班集体目标确立阶段

有经验的班主任，在培养班集体的过程中，经常为班集体提出新的目标，使集体通过目标管理向前发展。班主任要发动和依靠学生确立班集体的长远目标和近期目标，使集体的每一个成员都明确班集体的目标，并根据集体的目标确立个体的奋斗目标。

在学生管理中，要重视学生集体的培养，关心集体的成长。在教育过程中，要发挥班集体的教育作用，依靠集体教育个人，通过个人影响集体。

（三）师生关系的管理

学生到学校学习，离不开教师的指导，而教师承担教育培养下一代的责任，这就形成了紧密联系的师生关系。在学生管理中要求教师尽量满足学生合理的要求和期望。在安排教师工作时，一定要考虑师生关系。

教师和学生是两个独立的实体。教师有自己的思想、观念、行为习惯，学生有自己的思想、观念、兴趣和爱好。师生之间有一致的地方，才能形成教育。学生对教师有依存感，同时又有独立的个性。这就形成了学生既有与教师配合接受教育的一面，又有排斥干扰教师教育的一面。教师希望培养出理想的学生，由于年龄差别、思想观念的差异，反映在教育过程中，师生既有一致性，又有矛盾性。在学生管理中要协调师生之间的工作关系，特别要教育教师，正确处理师生之间的工作关系、人际关系、组织关系和非正式关，把对学生的严格要求与尊重学生结合起来，发展平等民主的师生关系。

（四）学生的自我管理

为了加强学生管理，还应培养学生自我管理的能力。青少年时期学生的自我意识进一步发展，在他们心目中形成了两个自我，一个是理想的自我，另一个是现实生活中的自我。如果这两个自我不相符合就会发生矛盾，使心情不安或感到痛苦。培养自我管理能力，管理者要帮助学生解决这一矛盾，学生追求理想中的自我，可能是一种英雄形象，这是积极因素，对学生有激励作用，应当给予鼓励、支持。学生追求的自我也许低于现实自我的一种形象，这是学生前进中的消极因素，应当帮助学生正确认识自己。要达到这一要求，必须教育学生在知情意行几方面进行自我管理。

教育帮助学生提高认识，进行自我分析，自我观察，正确认识自己。培养学生积极的情感，引导学生进行自我体验，自我激励，确立奋斗目标，积极向上。有了过失，要自我分析，勇于改过自新。引导学生进行意志锻炼，创造条件让学生自己给自己制订计划，并督促学生实现自己的诺言，学会自我命令，自我控制，要自己战胜自己。在行为上能自我调节，自我修养，自我计划，自我检查，养成良好的行为习惯。

第二节　学生管理工作的基本原则

学生管理的原则是根据学生管理的目标提出来的，也是学生管理工作经验的概括和总结，并在管理工作实践中不断发展和完善。

一、方向性原则

方向性原则要求管理者在学生管理工作中，把坚定正确的政治方向放在第一位，坚持四项基本原则，加强学生思想教育工作。学校的一切工作都以育人为目的，但学校育人是有方向性的。

学生管理是一种有目的的活动。组织任何活动都有预定进程的指向，即管理的方向性，这个指向就是培养"四有"人才。学生管理是组织育人的活动，既有教育者的活动，又有受教育者的活动。因此，在学生管理工作中，首先要教育全体教职工，明确自己工作的目的性和方向性，使每个教育者的工作都符合总方向，并通过全体教育者的工作，帮助学生明确这个总方向，明确自己学习的方向、身心发展的方向，使教育者和受教育者统一思想，统一步调，互相配合，实现教育目的。

二、整体性原则

整体性原则要求管理者全面贯彻党的教育方针，以培养德、智、体、美、知、情、意，有个性特征的全面发展的人才为管理目标，使每个学生都得到全面发展。这是学生管理的出发点，也是学生管理的归宿。

要使学生德智体美全面发展，必须施以全面发展的教育，"四育"是一个整体，各分项有独特的任务和育人作用，它们之间不能互相代替。学生的身心发展也是一个整体，不能分解。特别是中小学生正处在身心发展的关键时期，绝对不能取此舍彼，他们的世界观、人生观还没有形成，智力能力知识水平有待发展和完善，情感、行为习惯需要通过教育进行培养。因此，学生管理要把"四育"中的每一项看成一个整体，把学生也看成一个整体。在实际工作中，虽然第一项分开进行，但在育人方面，它们是相互渗透，相互促进，相互制约，缺一不可的，落实在学生身上是个整体。要使学生全面发展，必须施以全面发展的教育。

三、规范化原则

规范化原则要求管理者对受教育者进行规范化的培养和训练，形成受教育者良好的品德和行为习惯。

古今中外教育实践证明，民族素质的提高要从小抓起。青少年时期是长身体长知识的时期，可塑性较强，良好的行为习惯容易培养，经过强化将为终生打下基础。普通教育要重视学生的政治素质、科学文化素质、智能素质和身体素质的培养，从小施以规范化的训练。在训练中要高标准严要求，并有一套制度保证。学生一系列的行为模式不仅受社会传统观念、文化风俗的影响，还受规章制度的约束。贯彻规范化原则，要制定一系列科学的、可行的规章制度，用制度规范人的行为，如上课有上课的制度和纪律，考试有考试的纪律等。学生从小培养遵纪守法的习惯，将来走向工作岗位，就会有良好的行为习惯和良好的作风。

四、疏导原则

学生管理要从管训型转化到疏导型。青少年学生是正在成长中的一代，他们的生理、心理正在发展，知识和生活经验还不丰富，分辨是非的能力差，难免出现这样那样的问题。管理者对待学生的问题，要坚持疏导的原则、方法。学生管理者在教育实践中，在处理学生问题的过程中往往过于简单或急躁，习惯于用禁、堵、防的办法和看管的方法。实践证明有时禁而不止、防不胜防、堵又堵不住，使学生管理工作处于被动、无力状态。特别是当前网络等多种渠道的信息使学生看得多听得多，思想活跃。青少年精力充沛，兴趣广泛，好奇心强，用禁、管等消极限制的办法是不行的，必须因势利导。

广大教育工作者创造了许多行之有效的疏导方法，我们可以借鉴，如有的用论理疏导法，以理疏通思想，晓之以理，提高学生的认识，分清是非，让学生自己改正缺点和错误。用论理疏导法，关键是理的真理性、针对性；有的用比喻疏导法，用类似旧事物，比喻要说明的道理和问题，使受教育者受到启发，茅塞顿开，既生动有趣，又达到了思想品德教育的目的，效果较好；有的用感化疏导法，即动之以情，以情感人。因为学生是有个性有思想感情的个体，有自己的需要、愿望和人格尊严。教师输出什么样的感情，他们便以同样的感情回敬教师。还有的用榜样疏导法，以生动具体的形象进行感知教育，让学生自己去观察、对照、效仿。有的用争辩疏导法，一般是组织辩论会，让学生在争辩中明事理，自己教育自己等。总之，在学生管理中，广大教育工作者创造了丰富的经验，疏导的方法仅是其中一种方法。

第三节　教师管理的地位和作用

教师是教育事业发展的基础，是提高教育质量的关键。在教育过程中应加强教师工作薄弱环节，创新教师管理体制机制，以提高师德素养和业务能力为核心，全面加强教师队伍建设，为教育事业改革发展提供有力支撑。

一、教师管理的地位

（一）教师管理是教育管理的重要内容

强教先强师，对教师人才资源的开发历来是教育管理的重要内容，是维持教育正常运转的基本条件。教师管理的内容丰富，主要涉及教师编制、教师专业标准、教师资格和准入制度、教师聘用制度、教师地位待遇等内容。一方面，通过教师管理提高教师地位，维护教师权益，改善教师待遇，使教师成为受人尊重的职业，满足教师的基本需求；另一方面，通过严格规范教师资质，提高培养培训水平，提升教师素质，形成一支师德高尚、业务精湛、结构合理、充满活力的高素质专业化教师队伍。

（二）教师管理是教师队伍建设的制度保障

教师队伍建设是一个系统工程，包括教师的培养培训、准入制度、资格标准、聘用考核、退出机制等方面，要对教师基本情况、需求状况（入学人数、学生学习指导时间、教学负担、入学率等）、教师补充等进行系统分析。

衡量一种职业在社会上的地位，一般以经济待遇、社会权益和职业声望三方面作为评价标准。为了使国家在激烈的国际竞争中不被淘汰，发展教育成了共识，而提高教师社会地位，吸引高水平的人才从教，也就成了各国的共同任务。这首先表现在大幅度提高教师工资；其次是实行教师资格准入制度，教师职业已经成为一门专业，进入教师行业必须经过严格训练和选拔。世界范围内教师的社会地位在不断提高。特赖曼 1977 年回顾分析了 53 个国家的 85 项研究，其结论是，教师职业的地位在整个职业范围内是比较高的，教师职业的社会地位明显高于熟练的技术人员和白领职业以及其他社会工作者。

二、教师管理的作用

教师的主要职责是传道授业解惑，而教师管理的作用是维护师德、促进教师专业发展，保持师资结构合理、激发活力。

（一）维护教师高尚师德

学高为师，身正为范。高尚的师德，是对学生最生动、最具体、最深远的教育。师德历来是教师队伍建设的首要问题，被各国重视，常常作为评价教师的首要标准，要将师德表现与教师的成长和专业发展紧密联系起来。当好教师，没有捷径可走，对工作的无限热情，对学生潜力的无限信任，对每天工作取得进步的强烈渴望，对学生成功的欣赏，工作中富于激情、技巧、紧迫感和对学生的爱，这些都是优秀教师身上表现出的共同特点。

师德为先，体现了教师专业的特殊要求，体现了没有爱就没有教育的理念。2005 年，我国教育部印发了《关于进一步加强和改进师德建设的意见》，提出了师德建设的思路、任务和措施。2008 年，教育部和中国教科文卫体工会全国委员会联合修订颁布《中小学教师职业道德规范》，提出"爱国守法、爱岗敬业、关爱学生、教书育人、为人师表、终身学习"六个方面的规范要求。2011 年，教育部和中国教科文卫体工会全国委员会联合颁布《高等学校教师职业道德规范》，提出了"爱国守法、敬业爱生、教书育人、严谨治学、服务社会、为人师表"六个方面的规范要求和"不得从事损害国家利益和不利于学生健康成长的言行；不得损害学生和学校的合法权益；不得有影响教育教学工作的兼职；坚决抵制学术失范和学术不端行为；坚决反对滥用学术资源和学术影响；自觉抵制有损教师职业声誉的行为"。

（二）促进教师业务精湛

国家通过颁布教师专业标准，严格教师资格和准入制度，推进教师聘用制度，加强教师培训等方式，促进教师专业能力提升。在很多国家，教师年龄老化、收入低下和高水平教师短缺已经成为愈演愈烈的事实，进一步影响合格教师的培养。国家要制定激励政策吸引有能力的潜在教师和离职教师，避免缺少教学能力的人进入教师行列，留住当前在职的优秀教师，淘汰不合格、不尽职的教师，为此，教育管理部门需要出台一系列增强教师吸引力的政策，需要吸引年轻教师和高素质教师，加强教师培训和认证，通过高质量的培训激励有抱负的教师长期从教，通过教师从业标准，进行更为严格的课程内容、基本能力和相关科目的水平考试，提高教师的公众形象，赋予教师更多的教学自主权。在用人制度、工资水平、薪酬结构、评估体系、教育投资等方面赋予教师更多的自主权。把教学质量与工资收入挂钩，提高教师的工作积极性。

（三）保持教师队伍结构合理

各级各类教育行政机构通过教师编制管理，确定师生比例、班师比例，合理配置教师资源，保持教师在区域、学段、学科等方面的供求关系总体平衡。

教师供需管理涉及五个要素：教师需求量、潜在的教师供应量、教师市场结构、教学力量（教师质量）、教学质量（教学技术和学校环境）。同时，还要考虑教育系统外的工作条件、发展机遇和比较优势以及教师工会的作用，动态调整教师的地位和待遇，保持教师职业的吸引力。

（四）激发教师工作活力

国家通过提高教师待遇，实行绩效评价、提供培训机会和升级晋职等方式，保持教师工作的激情和活力。在我国，建立了统一的中小学教师职务体系，并将最高职务等级提高到正高级教授水平，提出了教育家发展目标，这是通过升级晋升的方式激发教师工作活力的主要表现。

三、教师管理的关系

（一）教师管理与管理人员的管理

1. 教师不同于管理人员，应对教师施行柔性管理

卡尔·E.韦克认为，组织中的很多要素之间并不像科层设计那样紧密联系，很多组织内部要素实际上是松散地联系在一起，每一要素都保持自身的独特性，也存在某些物质或逻辑上的分离，教育组织是松散耦合组织最好的例证。松散耦合即组织的规范结构与行为结构之间的联系是松散的，规则并不总是能够制约行动，某些规则的改变可能并不影响行动，反之亦然。霍伊等人指出，学校中可能至少有两类组织：一类是有制度与管理职能的科层组织，具有较为紧密的层级关系；另一类是专业组织，负责实际的教与学的技术过程，具有松散耦合的特点。在教师专业领域，柔性管理可以激发教师的自主性和创造性，从而实现自身价值，过多的科层控制会束缚教师的创新精神，因而在专业领域，需要更多地给教师赋权。但在行政事务方面采取更多的制度化管理是必要的，学校脱离规章制度和科层约束是难以想象的。应真正把教师当成"人"而不是"物"来管理。教师只是受聘于教育教学工作，而不是他人的财富，学校行政必须根据相关法律条文以及教师聘任合同等要求教师从事其应该做的工作，而不是要求教师"规训化"地服从。

2. 正确处理行政人员的权力与教师的权利之间的关系

学校行政人员作为学校的管理者，自然具备多方面的权力，如教育教学管理权、校务工作综合管理权、人事管理权和校产管理权，以上这些权力可以看作是校长法定的权力，但一个优秀的行政管理人员一定是善于合理运用权力的人。现实中很多行政管理人员只重视手中法定的权力，忽视了其他内容，导致工作开展困难。罗纳德·G.科温专门研究了学校中的教师冲突，发现在科层取向的学校中，管理者较多使用法定的权力解决问题，教师和管理者的冲突非常多，多达一半的教师冲突都发生在教师和管理者之间。

137

教师的权利分为两类：一类是法律规定的教师应有的权利；一类是教师作为一个人，作为一个社会公民所应具有的基本权利。按照康德的理解，一个人的权利包括天赋的权利和获得的权利，天赋的权利是每个人根据自然而享有的权利，它不依赖于经验中的一切法律条例，获得的权利是以经验中的法律条例为根据的权利。就此来看，行政权力不是无限的和无边界的，学校行政在行使行政权力的时候，应当尊重教师的权利，尊重教师法定的权利和教师作为一个公民所应具有的权利。

行政权力要着重维护好教师如下两个方面的权利。

（1）教师的专业自主权

教师劳动和一般工业生产是完全不同的，这需要教师有自己的专业自主权。进行教育教学活动，开展教育教学改革和实验，从事科学研究、学术交流，参加专业的学术团体，在学术活动中充分发表意见等都是教师应有的权利，也是教师的专业自主权，行政管理人员需要充分尊重教师的专业自主权，不随意干涉教师的教育教学自主。当然，这不是说学校不能对教师的教育教学进行监督和评价；相反，监督和评价是必要的，但是需要建立在尊重教师专业自主权的基础之上。

（2）行政权力要维护教师参与学校管理的权利

教师参与学校管理可以通过教代会、工会、支部委员会、教研组等途径，也可以以教师代表的身份直接参与学校管理。参与管理的内容应当是和教师利益密切相关的事项以及有利于发挥教师专业职能的事项，如职称评审、绩效工资改革、学校领导评价、课程设置等。教师参与管理是有限度的，不是每个教师都有很高的积极性参与学校管理，也不是每个教师都善于学校管理，学校行政更不能完全放权于教师。因此，如何把握好教师参与的"度"是学校行政管理人员领导水平的体现。

（二）义务教育教师管理与非义务教育教师管理

世界各国义务教育阶段教师的法律地位大致上可以分为三种性质不同的类型：由政府任命的教师，其法律地位为公务员；由政府雇用的教师，其法律地位为公务雇员；由学校雇用的教师，其法律地位为学校雇员。从世界范围来看，德国、法国、日本等国家都把中、小学教师定位为公务员或教育公务员，可强制性地对教师在校际做出调配，通过行政手段达到均衡配置义务教育阶段师资的目标。具有公务员身份的教师往往具有相当高的职业保障。在美国、英国、加拿大、澳大利亚等国家，一般都把义务教育教师定位为公务雇员。教师由教育行政部门任用，并与之签订雇佣合同。在欧洲，也有部分国家将义务教育阶段教师直接定位为雇员，由校长雇用，但由政府支付工资。在职业生涯中要流动 4~5 个学校。而非义务教育教师等同于职员，采取聘任制度。

我国教师法律地位在不同阶段有不同的表述和规定。1993 年的《教师法》正式确立了教师新的法律地位，把教师定位为履行教育教学职责的专业人员，从《教师法》的规定来看，我国教师其实属于学校雇员。

（三）学校教师管理与社会教育机构教师管理

在现代社会中，学校成为教育的主体，社会教育是学校教育的有益补充。社会教育机构有儿童活动中心、图书馆、电影院、主题公园、青少年宫、科技馆、业余体校、业余艺术学校、夏令营、冬令营以及各种专业辅导机构等。

学校和社会教育机构之间经常性的教师交流是有必要的，也是有益的，可以实现资源共享，互通有无。今天的学校系统已经不再是围墙之内的独立体系，开放性是学校的一大特点。社会教育机构严重缺乏骨干教师，教师队伍不稳定。因此，校外教育机构也经常聘请校内教师，以专门活动的方式学习某些专业知识和专业技能，如舞蹈、器乐、声乐、航模等。也有些专业辅导机构直接聘请学校教师从事学科专业知识培训。社会教育机构在聘请学校教师的同时，也学习学校规范的教师管理制度。另外，学校也经常邀请社会教师作为学校兼职教师或客座教师等。学校教师和社会教师之间交流涉及的管理问题包括：校外教师参与校内教育时其资格条件是否符合要求，校内教师是否为了谋利参与校外教育活动而影响学校正常工作等。

第四节　教师管理制度创新

一、创新学校管理，以教师为本，促进可持续发展

学校管理者的素质决定着学校发展的结果，而学校管理者——校长的管理能力是学校发展的动力，影响着学校的发展。以教师为主要重视管理，调动教师的积极性。现代社会随着人类文明的发展，人的权利受到前所未有的重视。"以人为本"的理念使管理呈现出"服务"的价值观。学校最根本的构成就是学生和教师，是以人为基础的教育服务机构。学校的一切发展都要以人为本，促进学校的可持续发展，所以，当今学校管理追求"管理即服务"的现代宗旨。针对学校，教师资源的丰富和管理是学校管理中的重中之重。

学校管理的出发点和归宿是要始终定位于人的和谐发展。始终把人放在管理的中心位置。在学校管理中要尽可能关注人的身心健康成长，要追求人文关怀，不搞专制，允许有不同声音。学校要重视在领导和员工、教师和学生、学校和家庭之间架设心灵的桥梁，加强沟通，促进理解。学校管理者对教师在实施制度化管理的同时，要坚持人性化管理，强调人情化关爱。注重营造教职员工之间志同道合、彼此尊重、相互信任、团结协作、宽松温馨的工作氛围；努力形成平等、和谐、富有人情味的人际关系，真正做到全校上下政令畅通，部门之间团结协助。只有在这种和谐的氛围下，学校的各种管理制度才会更好地实施，和谐校园的构建才得到落实，共同发展的希望才有可能。

部分学校师资力量，还有待提高，所以在现在有限的教师资源的情况下，人性化管理就显得尤为重要。因此，教师的管理更需要体现以人为本的管理方式，以提高教师工作积极性，提高办学质量。在教师参与层面，教师发展是推动学校发展、实现育人目标的主要动力，学校领导集体的核心任务是为教师的发展搭台铺路。作为校长，就应该引领团队致力于建构

以教师发展为本的服务机制，以促进学校持续发展为根本。第一，学校管理中，可结合学校的实际，通过主体性的教育实践，使学生成为主体性的学习者，使教师成为主体性的自我劳动价值的创造者。实现这一转换，除了在理性上提升教师和学生自我认识之外，在操作上还可明晰"为谁而学，为谁而干"。只有这样，才能进一步推动教学参与者的自我超越，实现人的自我价值新创造。第二，可创造教师自我发展的专业氛围，要构建和谐的学校文化和促进社会关系正常化：领导与教师的关系是事业伙伴的关系，教师与教师的关系是合作搭档、朋友的关系，教师与学生的关系是人格平等、同窗学友的关系。学校可通过坚持民主，体现尊重，改变评价方式、减轻心理负担等人本化管理策略，引导教师积极参与校本管理。第三，以教师个人的专业成长来突出学校的办学形象，体现教师个性化。学校管理要认识到"大师者，精深于学问之本体者也"的思想，给教师提供专业发展的空间和帮助。

二、创新学校教师管理机制，建设自由团结的学校组织

现代学校只有站在新起点，谋求新发展，解放思想、创新机制，推行大部制改革，才能使运行机制更顺畅，团队凝聚力更强，工作作风更务实，才能建设出具有独特文化的特色校园。在教师管理机制中严格教学质量的同时应建立教师的学校主人公意识。在要求教师教学质量的管理中：第一，建立科学有效的教师管理考核指标体系和考核办法，进行全面、全员、全程管理。创新常规管理方法，利用课余充足的时间对教师工作进行总结、批评和奖励并进行教师专业提高学习；强化过程管理，将过程督导与结果评比相结合。第二，加强教师平时任教水平及任教态度的监管。可将期中抽查与期末统考相结合。促进可持续发展教育，深入关注学生成绩与关注教师业务素质提高相结合。第三，加强教学常规管理，全面提高教学质量。要求教师的教学达到理念要"新"、备课要"深"、授课要"实"、教法要"活"、活动要"勤"、作业要"精"、要求要"严"、辅导要"细'、负担要"轻"、质量要"高"的目标，并在教学研讨中进行改进和深化，将教学管理的重心指向课堂，加大课堂巡查力度。落实常规教学，使常规

教学管理实现制度化、经常化，可多进行互相听课、评课的教学取经活动。使教师的教学水平在互相学习和改进中集体提升到新的高度上。第四，加强从教行为的规范管理，对教师讲台上的仪表、仪态以及考试、阅卷工作严格要求，使其操作规范。在建立教师学校主人翁意识中，可建立激励机制。以人为本重视教师地位，开展教师之间评比，促使每个教师都专心于教学工作中。同时让教师参与到管理中，参与决策，并在一定程度上采用教师建议，使教师心理产生满足感，从而积极地为学校建设做出贡献。

　　另外，对于部分学校现在需要解决的是师资的问题，学校教师中老年教师偏多，青年教师较少，虽然近两年新教师逐渐分配进老教师队伍中，但仍不足以弥补师资空缺，而使得教师年龄断层。所以，为了将学校教学质量提高上去，在教师的管理中就需要采取依靠老教师鼓励新教师的原则，使所有教师都能全身心地投入学校的建设中。因此，对于教师的管理和激励就是学校管理的重点，而首要任务就是对这些教师进行人性化管理，稳定老教师的同时激励新教师。在学校管理上注重细节、形成特色，坚持"以人为本"，人文与制度相结合的现代管理理念。同时，结合校情进一步完善管理制度，适当地将老教师纳入管理层中，激励老教师全身心地投入教学工作和管理辅助工作中，同时为青年教师提供锻炼的平台，提高教师的实践创新能力。以"专业引领，名师点拨，同伴互助，自我反思，共同成长"为策略，对青年教师进行教育理论、教学技能、教学研究的"传、帮、带、导"，促使青年教师专业成长。在教学质量的保证上，狠抓教学常规管理，以强化过程管理为手段，提高教学质量。以提高教学质量为突破口，实施素质教育。以素质教育为支撑点，实现教育均衡发展。

第七章 课外活动管理

第一节 课外活动管理概述

一、学生课外活动概述

（一）含义

课外活动是指在教学计划和教学大纲范围要求之外，利用课余时间，对学生实施的各种有目的、有计划、有组织的教育活动。根据这类活动由谁来组织和实施，可以把课外活动划分为两种类型：一种是由中学组织实施的在中学范围内进行的课余活动，称作校内课外活动；另外一种是由校外教育机关领导和组织的或走出校园的课外教育活动，即校外活动。

与之相适应，课外活动的管理也应该包括两部分：一方面是校内的课外活动管理，另一方面是校外活动管理。它要求管理者通过寓德育、智育、体育于各种课外活动之中的形式，有计划、有组织地把群众性的学生活动引到社会主义办学方向上来，使之为实现我国的教育、教学目标服务。

作为课外活动的管理者，首先应该明确课外活动管理任务、内容、原则和方法。

课外活动作为课堂教学以外的有益的教育形式，培养人才的有效途径，其根本任务是：采取各种有效措施，调动校外各种积极因素对学生进行德、智、体、美、劳的教育，促进学生的全面、和谐发展，为我国社会主义现代化建设输送合格人才。

（二）目的

在进行课外活动管理的时候，要控制其导向，使其为以下各目的服务。

第一，培养和发展学生的兴趣、爱好，发挥每一个人的特长，发现和培养各种人才课外活动的内容丰富，形式多样，能为不同的个体提供适合的气候和土壤。有的学生往往会在课外活动中表现出其爱好和天赋，并会在这片广阔的空间茁壮成长。如果引导有方，管理得当，就有可能发展成为其自身的优势和特长。

第二，提高学生的思想觉悟。单纯依靠课堂对学生进行思想教育，缺乏生动性和形象性，但如果把德育放在课外活动这个大课堂施行，让学生有亲身体验，这样效果就会好得多。

第三，巩固、扩展课堂教学的知识，促使知识向能力转化。学生从课堂中得到的知识，是间接经验的传授，往往是比较抽象的，如果让学生参加课外活动，使其动手、动脑、理论联系实际，使课堂中所学到的书本知识得到应用，从而就使之得以巩固和加深。

第四，提供人际交往的机会，增强学生适应社会的能力，促进学生的社会化。不同形式、各种范围的课外活动，为学生提供了不同于课堂的相互接触、相互联系的机会，促进他们之间相互了解与合作，使他们懂得并学会与人融洽相处，正确处理社会生活，处理人与人之间的关系，在一定程度上能够加快学生的社会化进程，为他们走向社会打下基础。

第五，丰富学生的精神生活，陶冶高尚情操。管理者可安排一些有益的文娱、体育活动和旅游活动，通过这些课外活动，培养学生对自然美和社会美的感受，陶冶高尚的情操。课外活动内容的确定，要以教育方针、培养目标、青少年的生理和心理特点以及校内外的实际情况为依据。其内容是十分丰富的，范围也是很广泛的。大体上可以概括为以下几类：社会活动、学科活动、科技活动、文学艺术活动、社会调查活动、参观访问、夏令营活动等。

二、课外活动在中学中的地位

中学开展课外活动的目的，是为了全面贯彻国家的教育方针，根据因材施教的原则，充分发挥学生的爱好和特长，为培养各种各样有专门技艺的人才打好基础。许多事实说明，课外活动是因材施教的主要阵地，是培养人才的重要途径。学生在课外活动中培养起来的兴趣，在很大程度上影响他今后的志趣和职业的选择。课外活动和课堂教学互相促进，互为补充。凡是既抓课堂教学又重视课外活动的中学，教学质量就高，中学就办得很有朝气。然而，在教育实践中，人们虽对课堂教学的重要性有一定的认识，而对课外活动的重要性的认识则不足，这不能不影响我们对人才的培养。

三、课外活动与课堂教学的关系

不论是课外活动还是校外活动，其目的都是一致的，都是为了全面贯彻国家的教育方针，充分利用各种有效的形式，发挥学生的爱好、特长，挖掘其内在的潜力，培养各种各样有专门技艺的人。国内外大量教育教学实践表明，学生在课外活动中培养起来的兴趣，在很大程度上影响他以后的择业方向；课外活动和课堂教学的关系如果摆正了，他们就会互相促进、互为补充，为中学教学质量的提高打下坚实的基础。学生，特别是中学生，他们在思维形式上还主要侧重于形象化的思维，如果中学只一味地抓课堂教学，灌输一些抽象的理论知识，在这种情况下，即使学生迫于升学或来自学校、家长各方面的压力，会机械地记忆一些死知识，他们对其也很少理解，更不可能和实践联系起来做到学以致用。因此，中学在重视抓好课堂教学的同时，也要充分发挥课外活动的优势，把课堂上所学的知识放在课外活动中加以验证，同时又用课内所学知识对课外活动进行指导，真正做到课外活动和课堂教学相互补充、相互渗透。当然，对课外活动和课堂教学的同等重视，仅限于指导思想上，并非指时间上各占一半，平分秋色。很明显，课堂教学所占的时间较课外活动要更多。

把课堂教学比为"第一课堂"，把课外活动比为"第二课堂"，混淆了课堂与课外的特征。课堂教学是个特定概念，它的基本特征是：①有统一的教学大纲和教材。教学内容、教学要求和进度都是统一的。②统一编班。③以教师讲授为主，教师起主导作用。④用考试、考查办法检查效果，对学生有一定的压力。

课外活动也是一个特定概念，它的基本特征是：①活动内容丰富多彩，不受限制。②学生在自愿基础上成立活动小组或其他团体。③教师只起组织、指导作用，不起主导作用。④用研究成果、实验报告、学习总结、小论文或其他学生愿意采用的形式来反映效果，不举行考试、考查，对学生不施加任何压力。

由此可见，课堂教学和课外活动的基本特征有明显的区别。因此，把课外活动称为"第二课堂"是不合适的。由于概念混淆，有些中学在课外活动时间内单纯在扩大知识方面下功夫，以为"第二课堂"也具有"第一课堂"的特征，提出"第二渠道"的一些人认为，它们之间是有区别的。理由是"第二渠道"有这样一些特点：①它传递信息的速度与广度是第一渠道望尘莫及的。第一渠道传递的基本上属于"昔时信息"，第二渠道传递的基本上属于"即时信息"。②它充分体现着学习过程中学生的主体作用。③它使每个学生都从自己的实际出发，可以发挥其聪明才智。④它还具有很强的实践性。

第二渠道的主要内容有三方面：①充分利用和发挥电视、广播的作用。②充分利用报章、杂志、图书的作用。③传统的课外活动和各种科技活动，各种社会调查或课外考察活动，夏令营、参观活动、讲座和各种学生自己组织的某一方面的爱好者协会等。

从以上特点和内容看，"第二渠道"和课外活动实在没有多大区别。课外活动有哪些特点？且不说今天我们对课外活动的认识已经超过了凯洛夫所阐述的内容；只就凯洛夫主编的《教育学》所谈到的课外活动的特点看，就与"第二渠道"的几个特点没有多大区别。凯洛夫认为，课外活动的特点是：①学生参加课外活动是自愿的。②活动范围不受教学大纲的限制，活动内容有伸缩性。③能使学生有表现独立性和主动精神的余地。参加的活动主要是一些独立性的活动。④课外活动包括学生的某些实际工作，这些工作常常具有公益劳动的性质。

凯洛夫所说的自愿的、有伸缩性、独立性和主动精神、实际工作等特点和即时性、广泛性、自主性、充分性及实践性等特点不是非常近似吗？至于课外活动的内容，凯洛夫认为，有这样几方面：①科学知识活动。②劳动和技术活动。③政治教育活动。④各种艺术形式的活动。⑤游戏、体育和运动。

这些"传统的课外活动"的内容同"第二渠道"的内容比较，就是没有提到电视，因为那时还没有电视。"传统的课外活动"历来包括课外阅读，同样主张"充分利用报纸、杂志、图书的作用"。所以，两个渠道之说出现以后，不少人认为"第二渠道"就是课外活动，不是没有道理的。但是，课外活动同"第二渠道"的含义还是有区别的。

所谓"第二渠道"，是从信息论的观点提出来的，认为教学工作实际上是一个信息传递的过程；认为课堂教学是传递信息，没有把课外活动提上正式日程。但是随着近期课外活动越来越多地开展，其优势不断被人们发掘，课外活动管理的作用也逐步被人们认识。

课堂教学的目的是根据一定的社会要求，由教师向学生传授系统化、组织化的科学知识、道德规范、技能、技巧，使他们在智力、品德、体能方面得到最优发展。由此可见，实现这个目的的途径是教师利用课堂这个阵地向学生传授系统化、组织化的科学知识、道德规范、技能、技巧。而课外活动虽然是利用课余时间开展丰富多彩、形式各异的活动，其目的是很明确的，就是把青少年培养成德、智、体全面发展的建设社会主义的合格人才，这在实现我国教育目的中具有十分重要的意义。

课外活动能够促使学生德、智、体几方面发展，是培养社会主义现代化建设人才的一条重要途径。

第一，课外活动是培养学生世界观和对其进行思想品德教育的重要途径。为了实现这个长期的目标，除了通过中学系统的思想理论课和各科教学对学生进行教育外，还应该结合青少年学生的心理与生理特点，让学生从事各种感兴趣的活动，使他们从生动、形象的社会和大自然中受到思想品德教育。课外活动的这种教育效果，往往比课堂教育还要好，但课外活动的思想教育要以课堂教学的理论内容为指导。

第二，课外活动可以扩大学生的视野，有利于拓宽学生的知识面，最终促进其智能的发展。课外活动的内容是十分丰富的。学生可以通过科技活动、课外阅读等学到很多科学文化知识。随着知识领域的扩展，他们可以更多地了解社会生活，受到教育和启发，补充课内所学知识的不足，有助于进一步学习。

第三，学生通过参加文艺体育活动，可以提高他们感受美、鉴赏美等审美能力。通过一些体育活动，可以使学生拥有健康的体魄。

课外活动有助于因材施教，发现人才和培养人才。课外活动有着广泛的内容和多彩的形式。学生可以根据自己的兴趣、爱好和特长，自愿选择参加，有利于发挥他们的特长，满足他们的兴趣和爱好，有利于人才的培养，在一定程度上弥补了班级授课制的不足。大量实践证明，如果只是要求学生单纯地学好教师在课堂讲的内容，不给他们创造发挥特长、满足他们兴趣爱好的环境，学生不但知识面狭窄，而且他们的智力和能力，特别是创造力是得不到充分发展的。所以从这个角度讲，课外活动对于培养具有创造才能、开拓型的人才来说，具有特别重要的意义。

从课外活动的目的和作用来看，它对培养合格人才的作用是举足轻重的。如今课外活动不仅已经成为中学教育的重要组成部分，也是实现教学目的不可缺少的途径。所以，在现代教育管理活动中，课外活动管理也应该占有重要的地位。课外活动管理是实现课外活动目的的重要保证。

学生课外活动有自发的，也有自觉的。自发的课外活动，就是学生在没有统一的组织管理条件下，所开展的无明确目的性和计划性的课外活动。如放学后，几个人凑一起踢踢球、跳跳绳，利用周日出去登山、春游，等等。这是一种低水平的课外活动，他们的活动方向可能与教育目的一致，也可能不一致，甚至还可能相悖，因为这种活动完全是无意的。它具有以下几个特征。

第一，即时性。这是指自发的课外活动多是临时性的，没有长远的目标和计划，最多只有就活动程序和有关规则有一个简单的、口头的规定。随着活动的结束，活动的意义也就消失了。

第二，非指导性。自发的活动没有辅导员，没有专业教师的指导，完全凭自己一时的爱好、兴趣或某一方面的需要而进行的，所以活动的主题和方式、内容就不一定对他们的发展有益。不但外部条件，比如经费、器材、场地等不一定能满足活动本身的要求，就连活动的内容对他们身心发展是否有帮助，或者有没有破坏作用都无法得到保证。在活动中出现的疑难问题和一些困难，因为没有辅导员就得不到及时解决。

第三，教育意义的非连续性。广义上说，任何水平的课外活动对学生都有这样或那样的教育意义。但并不是所有课外活动都有自始至终的方向性。自发的课外活动的教育意义就是这种非连续的。这样做的结果会导致爱好与特长并不能得到切实发展，更不用说在思想品德以及其他非智力因素方面的培养和发展了。

要克服与摆脱自发课外活动的缺点和局限，充分发挥课外活动的教育作用，就必须从中学整个教育目标出发，加强对各种课外活动的宏观管理和具体指导。可以认为，加强学生课外活动的管理，是把学生的大量的自发的课外活动提高到自觉水平的一个重要保证，也是实现课外活动目的的重要保证。

自觉的课外活动就是有组织、有目的、有计划的课外活动。这种课外活动在一定程度上克服和弥补了自发课外活动的缺点和不足。一般来说，中学的学生课外活动主要是指处于自觉水平的课外活动，其标志之一就是接受由中学根据课外活动的总目的指派的辅导教师的指导。

课外活动管理是保障学生课外活动顺利开展的重要条件。"管理"在这里的含义就是组织、协调、咨询，就是"服务"，为学生的课外活动服务。这种服务是十分必要的，没有这种服务，学生的课外活动就会失去起码的条件，就会流于自然自发状态。课外活动管理所提供的服务包括：①统一安排协调各项课外活动的时间。②统一安排调整各项课外活动的地点。③为各项课外活动聘请经验丰富又热爱教育工作的辅导员。④为各项课外活动提供必需的起码的物质条件。⑤通过对课外活动成果的评价，推动课外活动进一步深入发展。⑥协调中学、家庭、社会在学生课外活动问题上的矛盾和冲突，保证学生参加课外活动的自由与权利。⑦在学生的全面和谐发展这一根本性问题上，把课外活动和课堂教学的目的结合起来。

正由于以上几点原因，课外活动的管理不是可有可无的事，也不是可以等闲视之的事，而是现代中学管理的一个重要组成部分，它决定着学生课外活动的水平，从而也就决定着课外活动目的能否实现。

四、课外活动管理的原则

中学课外活动的内容要丰富多彩,形式灵活多样,这样有利于学生各种能力的开发。但是对课外活动的工作应进行科学管理,一般要依据一定的原则进行。

(一)教育性原则

中学课外活动必须以具有教育意义为准则。课外活动工作的管理,必须把握课外活动的教育性,掌握教育的方向,组织教育内容的设计,检查监督其实施。在组织实施课外活动中,课外活动工作管理应使学生在获得各类知识、技能的同时,进一步培养良好的道德品质,丰富道德情感,形成高尚的情操和文明的行为习惯。

开展各种课外活动,都应坚持以理论为指导,分别向学生进行科学理论教育、艺术理论教育、技术原理教育。促进学生辩证唯物主义和历史唯物主义世界观的形成。

(二)趣味性原则

强烈的求知欲和浓厚的兴趣是分不开的。头脑中问题的出现,好奇心的引发、兴趣的产生、乐趣的取得、志趣的升华,都不是生来就有的。各种课外活动的开展,也不一定就是学生愿意参加并能坚持的。这就要求课外活动工作的管理者,设置及组织实施适合青少年年龄特征、适合他们的学习阶段,对他们来说富有趣味性内容的各种课外活动。通过这些有趣味性内容的各种课外活动,引发学生的好奇心,激发他们的兴趣,吸引他们参加到活动中来。

(三)实践性原则

实践性是课外活动的重要特性。学生能力的培养,重要的一条在于必须独立观察、分析,在实践活动中锻炼。坚持实践性原则,应放手让学生亲自进行实践活动,提供使学生进行实践活动的必要的物质条件,对各种课外实践活动组织实施卫生监督,以保障学生的健康及安全。在课外活动的实践中，通过教师的指导，学生们将能着意地去观察某种事物的发生、发展、消亡的变化，并在持久的观察中，发展学生的观察力，形成具有目的性、客观性、全面性、顺序性、理解性、精确性、持续性等良好的观察力。通过想象认识那些从未见过，但可以根据类似物推断的那些事物，有所发现、有所发明、有所创造，并进一步培养和发展想象力。在进行某项制作、对某个问题探索、进行某种技能的训练活动中，通过对客观事物进行分析、综合、概括，运用概念进行推理判断，在深刻地认识事物、了解事物和事物之间的联系，掌握事物的本质特征中，发展合乎逻辑的判断、推理，揭露事物本质的能力即思维力。在各种科学技术实验、社会调查、科技制作、特殊技能训练中，培养、发展实际技能和独立分析问题的能力。所有参加课外活动小组的成员，将在实践活动中学习领导、服从与合作，学习管理自己和管理他人，培养和提高社会交往能力、组织管理能力和社会适应力。

1. 学生自愿参加

参不参加课外活动，或参加什么类型的课外活动，决定权在学生手里，而不在中学手里，这是学校开展课外活动的首要原则。

为什么要贯彻这条原则呢？这是因为课外活动是以学生的兴趣爱好为基础的。这也是课外与课内的最大不同点之一。

教学计划规定的课内每一堂课，学生必须听，不得凭自己的兴趣爱好，只听这一堂，不听那一堂，否则就是旷课，违反学校纪律。课外活动则不同，它是为了发展学生的个性，完全允许从兴趣出发。只有贯彻自愿原则，才能调动学生参加课外活动的积极性和主动性，学生在活动中才能表现出创造精神。如果学生感兴趣的活动，教师不让参加；学生不感兴趣的活动，教师偏要强迫学生参加，这样的课外活动就失去了存在的意义。当然，贯彻自愿原则，并不排除教师的启发、引导。例如有的学生的兴趣是多方面的，不可能参加多种项目，到底发展哪方面的兴趣爱好更切合学生的实际，这就需要教师的指导。

2. 活动内容和形式要丰富

这一点要求与课堂教学有很大的不同。各门学科的课堂教学，必须根据教学大纲来进行。一般说来，不能低于大纲的要求，也不能"超纲"。

课外活动则不同，不受教学大纲的制约，内容可以多种多样，形式更不限于在教室内。有灵活性，有伸缩余地。既考虑学生的兴趣爱好，又从学生的实际水平出发。随着现代科学技术的发展，可不断补充新的内容，开拓新的知识领域，也就是所谓即时性和广泛性。

3. 因势利导，因材施教

这是一条重要的教学原则，课内课外都要贯彻。但在课堂上贯彻这条原则，有很大的局限性，这是因为教学内容、教学要求、教学进度是统一的，教师要面向全班学生。课外活动则不然，没有内容、要求的限制，也没有进度的约束，可以根据学生年龄、年级和知识上的差异，根据学生不同的爱好和特长，组织符合他们生理、心理特点的各种活动，来发展学生的智慧和才能。

4. 学生当主角

课外活动是以学生为主角的活动，因此从活动内容到活动方式，都应由学生决定，教师只起辅导作用，切忌包办代替。包办代替不利于发挥学生的主动性，不利于增长学生的才干，也不符合开展课外活动的目的。但是我们看到有的学校的课外活动重复课堂教学的内容，成了集体补课；有的学校的课外活动频繁地举办讲座，成为变相加课。这些做法都不符合课外活动的宗旨。课外活动怎样体现以学生为主、以教师为辅呢？首先，要明确，课外活动不是为课堂教学服务的，它有自己的特点。它的主要目的在于促使学生手脑并用，培养能力，发挥爱好和特长。而要达到这个目的，必须通过学生自己的实践，教师不应该也不可能代替学生的实践。以教师讲授为主，就是教师代替学生的实践。其次，要开展独立活动，使学生能充分表现自己的独立性和主动精神。例如，成立一个项目的课外活动小组，从选举小组长、制订计划到商定公约、执行计划，以及活动时间、地点的安排，应由这个小组的成员去决定，辅导教师只负责指导和检查。

5. 发挥个体优势

这里的个体主要指的是学校。开展课外活动，要考虑学校的主客观条件，注重发挥自己的优势。城市学校和农村学校不同，重点学校与非重点学校有差异。同样是城市学校，有的条件好，有的条件差；同样是农村学校，有的依山，有的傍水；同样是重点学校，有的有这方面的辅导人才，有的有那方面的辅导人才。活动时注重发挥自己的优势，会逐步形成自己的传统，体现自己的特色。当然，有些必须开展的新项目，要创造条件，做到多样化。

（四）普及与提高相结合的原则

课外活动的组织实施，首先应面向全体学生。通过开展群众性的课外活动，组织班级学科小组活动，吸收学校中的部分学生参加。与此同时，还要把那些在某一学科领域有才能、水平较高的学生，吸收到课外活动中，把他们组织起来，进行更高层次的培养与训练，并借以推动课外活动的广泛开展。

（五）传统与革新结合的原则

学生的兴趣是广泛的，要全部满足学生的兴趣与爱好，组织起各种内容的课外活动，限于师资、设备、经费等方面的条件，每所学校都只能尽量争取，但是不可能全部达到。各校应根据自己的师资条件、设备情况以及可借用的家长和社会力量，以尽可能多的内容，把学生的课外活动生动活泼、丰富多彩地开展起来。同时，要因地制宜选择一些项目，投入比较优势的力量，坚持不懈，使之形成学校课外活动的传统项目。这些传统项目，应有自己学校的特点和风格。传统项目的课外活动，象征着学校校风、校貌及学校声望，它能以自己的显著成效激发学校全体人员的集体荣誉感，使学校具有活力。课外活动项目的传统化，并不排斥课外活动内容的革新，传统项目的专门化内容也要随着专门业务的发展而发展。许多课外活动项目将随时代的发展和科学技术的进步而推陈出新。坚持传统与革新结合的原则，组织学校课外活动工作，将使学校的课外活动既具继承性又有创新性。

五、课外活动管理的任务

课外活动是相对课堂教学而言的，它是指在课堂教学之外，学校有目的、有计划地组织学生参加的各种有教育意义的活动。内容包括体育活动、文艺活动、知识讲座、科技活动、各类兴趣小组活动、校班会、时事教育以及社会实践活动等。开展课外活动是实施素质教育的重要组成部分，它有利于学生多渠道地及时获得各种信息，扩大知识面，开阔视野；有利于培养学生的独立意识，提高他们的社会适应能力；有利于因材施教，发展学生特长；有利于培养学生的探求意识，提高他们的创造力；有利于学生的身心健康，使他们的个性得到全面和谐的发展。所以，学校加强对课外活动的管理和指导具有非常重要的意义，具体管理任务如下。

（一）落实课外活动项目

课外活动内容丰富，形式多种多样，可以在中学里开展的课外活动项目也非常之多。但是作为一门课程，它和学科课程不同。课外活动并没有统一规定的教学大纲可遵循，只能由学校管理者自己进行本校课外活动项目的设计。在学校里设置课外活动项目主要应依据以下两个方面。

第一，应依据本校学生的兴趣、知识基础、技能水平，考虑课外活动项目的设置。目前学校里最常见的课外活动项目，不一定就是学生最有兴趣和最受学生欢迎的。所以，要深入而全面地调查学生的兴趣爱好，尽可能满足学生的合理需要。同时，又要发挥学校的导向作用，激发学生的兴趣，诱导学生选择学校设置的项目，积极参加课外活动。

第二，应依据学校的传统、师资和设备条件。在这三项条件中，关键是师资。传统项目的形成，重要的因素是有辅导教师；设备的提供，也需要教师协同学校课外活动的组织管理人员去创设；新项目的设置更要看有没有教师或能不能聘请到校外辅导力量对学生进行辅导。

（二）组织课外活动工作的合力

组织开展课外活动需要投入人力，提供一定的经费和物资设备，进行时间、空间的合理安排。这就有赖于学校管理者对人、财、物、时间、空间、信息进行科学的整合，使课外活动工作的目标一致，行动协调，取得预期的效益。建立健全课外活动制度。学校管理者不仅要把课外活动纳入学校教育、教学工作计划，排入课表，还应制订出课外活动辅导工作岗位职责，课外活动工作制度及必要的活动公约，从制度上保证课外活动的实施。

（三）提高课外活动工作质量

提高课外活动工作质量的目的，在于充分发挥课外活动的效能，以提高学生的基本素质和发展学生的个性才能。要注意研究课外活动工作的规律性，通过提高课外活动工作的质量，培养学生课余的健康情趣，促进学生活泼开朗的性格、良好的道德品质、文明的行为和社会交往能力的形成，发展学生的健康心理，提高学生的基本政治素质；培养学生爱科学、努力学习科学知识的品质，发展学生学习研究科学的诸种基本能力，促使学生进一步形成实事求是的科学思想、严谨细致的科学作风和习惯，提高学生的科学素质；培养学生的特殊才能，发展学生的个性，激发学生的潜力和创造力。真正使学校的课外活动成为学生获得全面发展的不可或缺的途径。

六、课外活动的内容

（一）思想教育活动

这类活动包括组织时事报告会、英雄模范人物报告会、演讲会，组织有教育意义的参观、旅行、社会调查、传统节日纪念活动，与科学家、作家见面，看有教育意义的电影电视等。目的在于使学生关心国家大事，了解国内外形势，向英雄模范人物学习，立志成才，在思想品德等方面受到教育。

（二）学科活动

这类活动和课堂教学有紧密联系，但不是课堂教学内容的重复，不受教材的限制，目的在于使学生加深对知识的理解，扩大学生的知识面，培养学生运用知识的能力。如数学方面的钻研小组、物理方面的无线电小组、地理方面的气象小组、劳技方面的模型制作小组等，既与课堂教学有密切联系，又扩大了课堂教学的范围。同时，还可组织一些学科竞赛活动，如作文比赛、数学竞赛、外语朗诵比赛等。

（三）科学技术活动

这类活动的目的在于使学生从小热爱科学，钻研技术，养成手脑并用的习惯，培养实际操作能力。可组织一些科普讲座，并根据个人的兴趣和爱好组织各种活动小组，如电工、化工、无线电、电子计算机、航空模型、航海模型、教具制作、野外考察等。

（四）文学艺术活动

这类活动以练习、排演、创作等实践活动为主，目的在于丰富学生的文化生活，提高学生的文化素养，发展学生的爱好特长。除组织大型的文艺演出、音乐欣赏、诗歌朗诵等活动外，可组织歌咏、书法、绘画、乐器、舞蹈、摄影、雕刻等小组。

（五）体育活动

课外体育活动的项目极为丰富，如球类运动、游戏、武术、体操、赛跑等都适合学生开展，目的在于使学生养成经常锻炼的习惯，以增强体质。

（六）公益劳动

公益劳动多属服务性的，目的在于培养学生的观点、自理能力和为人民服务的思想。例如，清洁卫生、植树绿化、修理桌凳门窗、交通安全值勤、为病残生和孤寡老人做好事等。这类活动最能看出学生的思想品德，学校应大力表彰主动搞公益劳动的学生。

七、课外活动管理要求

（一）统一领导，全面规划

学生参加课外活动，虽然要强调自愿、自主，但如不加强领导，必然形成自流。学校要把课外活动，作为学校教育工作的一项重要内容来抓，应有一位校长统一领导，一位教导主任分管，各教研组有教师负责指导与本学科有关的课外活动，班主任要担负起本班课外活动的组织者和指导者的责任。总之，要做到层层有人管。

学校对课外活动应全面规划。要有长计划，短安排。大型活动应编入校历，使全校周知。要有一张课外活动总表，使各种活动井然有序地开展，不致互相冲突。

（二）保证活动时间

活动时间的保证是课外活动能否蓬勃开展的关键因素。缺乏时间保证的主要原因有两条。第一，学生课业负担过重。作业多、考试多，学生应付作业，已是疲于应对，哪有时间和心思参加课外活动？第二，对课外活动的重要性认识不足。有的学校领导干部总认为课外活动是为课堂教学服务的，是"课堂教学的延伸和补充"，甚至认为课外活动多了会妨碍学习，影响升学率，因而把课外活动放在可有可无的地位。这两个问题怎么解决？应在提高认识的基础上切实减轻学生的课业负担，控制上课总时数，控制作业分量和考试次数，使学生参加课外活动无后顾之忧。

（三）建立辅导队伍

建立辅导队伍帮助指导学生开展课外活动是非常必要的。虽说课外活动要贯彻自愿、自主原则，强调学生是课外活动的主角，但不等于说不需要别人的指点和辅导。相反，如果没有一支热心搞好课外活动、有一定专长的人组成的辅导队伍，课外活动就可能一哄而起，一哄而散，更不可能提高活动水平。因此，学校领导必须重视建立一支课外活动的辅导队伍。这支队伍主要应由本校教职工中有某项专长的人组成。不管他在学校里担任什么工作，只要作风正派，在课外活动方面有一技之长，又有一定的组织能力，就可聘请他担任指导教师。另外，学生家长中如有符合这方面要求的，也可以加入辅导队伍中去。

八、课外活动的形式

（一）大型活动

大型活动多为群众性的集会、报告会、各种讲座、集体参观访问、各种比赛等，由学校或班级组织。

（二）小组活动

小组活动属小型活动，规模小，以小组活动为主，如学科小组、科技小组、文学小组、艺术小组、体育小组（队）、公益服务小组等，主要由班级组织，少数跨年级的，由学校组织。这类型活动最大的优势是可以兼顾学生的兴趣爱好。

（三）个人活动

个人活动是学生在教师指导下独立开展的活动。例如，有计划地阅读报纸杂志、写读书心得、采集实物标本、制作模型、进行某种观察和实验等。

以上三种形式，应以小组活动为主，大型活动不宜多搞，个人活动要有时间保证，以便充分发挥学生的独创精神。学生在同一时间内只宜参加一项活动，如条件允许，可参加两至三项活动。

第二节　课外活动管理方法

一、思想品德教育活动的管理

思想品德教育活动的主要功能在于弥补课堂教学的不足，同时又以课堂教学目标为目标，以一种轻松、活泼的形式对学生进行思想品德教育。所以，为了保证活动质量和达到教育效果，管理者在组织课外活动时应注意以下两点。

（一）活动要有针对性

这里的针对性不仅仅指活动形式、内容要紧扣主题，更重要的是活动要有时间上和环境上的针对性，比如，举行以爱国主义为题材的文艺演出。至于环境上的针对性，主要指活动的主题和活动的环境要协调。

（二）活动要有趣味性、吸引力

思想品德教育活动开展的主旨就在于通过一些活泼、通俗的形式把枯燥、难懂的道理形象化，让学生易于接受。因此，在组织课外活动的时候，要注意增强活动的趣味性，不要仅仅简单地改变活动的地点和形式。

二、学科活动的管理

学科活动是旨在学习和研讨某一学科的知识或培养某一方面的能力的课外活动。它的主题和内容与课堂教学联系比较紧密，但它不是课内学科教材的延伸或补充，而是学科中某一领域的扩展或加深，是学科中的一些理论、新知识或学科的专题等。学科活动常常采取小组的活动形式，可以以某一学科成立小组，如数学小组、文学小组、物理小组、化学小组、外语小组等。也可以以学科的某一专题成立小组，如以化学实验为专题的小组、以写作为专题的小组、以会话为专题的外语小组等。通过学科小组的活动，学生可以进一步地学习本学科的知识。这种学科小组的活动有利于培养学生的学习兴趣，对学生将来的择业也往往会起到定向作用。学科活动必须设辅导员做顾问指导，控制学科活动的导向，帮助解决有关疑难问题。辅导员可以由中学专业教师担任，也可以从校外聘请科技人员、文艺、体育工作者或专业人才担任。学科活动要有计划、有步骤地进行，要有固定的时间、固定的活动场所。如果以小组形式进行的学科活动，还要建立必要的规章制度或小组公约，以保证活动的正常进行。学科活动虽然主要是在中学范围内开展，但为了弥补中学条件的不足，各个学科组织还可以和校外教育机构或团体联系，推荐有特殊才能的学生参加他们组织的活动，或选送活动积极分子请他们培训。还可以借用校外教育机关的物质条件和指导力量与校外机关密切配合，协调一致地把教育工作做好。

三、科技活动的管理

我国和世界上其他一些国家都十分重视培养青少年的科技意识，开展丰富多彩的科技活动。开展科技活动的目的很明确，就在于增进学生对现代化科学技术知识的了解，扩大他们的知识面，培养学生对科学技术的兴趣和爱好；通过让学生自己动手的实践活动，培养他们运用知识和动手动脑的实际能力，促进他们的思维和创造性的发展。科技活动的范围很广泛，既有新知识、新技术，也有科技的基本知识。这种活动可以以科技小组和科技讲座的形式开展，也可以通过展览、参观访问等形式开展。但都是尽可能地让学生了解一些课本上所没有的，当前科学技术上的新成就和新信息，开阔学生的眼界，拓宽他们的思路，使他们形成爱科学、学科学、用科学的风气。

科技活动的开展要具有趣味性、新颖性，使学生对所参加的每项活动都兴趣盎然，使学生在自己的实践活动中学习知识、增长才干、锻炼意志、陶冶情操。要做到这点，管理者就必须统筹全局、因材施教，需要根据学生的水平分出不同的层次。对于那些程度高、有钻研精神的学生，科技活动的内容难度就应当大一些、深一些，使他们为严密的科学逻辑所吸引；对于程度较低的学生，则要较多地借助于有趣的活动形式来吸引他们。如举办一些科学表演会、科技晚会、科技游园活动，做趣味实验、科学玩具，组织观看科技电影等。

另外，在开展包括科技活动等一些类似的活动中，还应该注意让学生成为活动的主人。在制订科技活动计划时，要听取学生会及有关社团组织的意见。中学要创造条件开展多种多样的活动供学生选择。在活动中，要培养他们动手、动脑的习惯，猎取知识并运用知识开展小实验、小制作、小发明、小创作。

四、文学艺术活动的管理

文学艺术活动主要是采取寓教育于文学艺术活动之中的形式，培养学生在艺术上的才能和创造性，特别是对于具有这些方面特长和爱好的学生来说，课外活动是他们才能表露、培养和发展的必要机会和场所。文学艺术活动可以通过各种文艺小组和艺术欣赏、讲座、参观展览、参加表演等形式开展，其内容也是广泛的。如文学作品的欣赏和评论，参观展览，音乐欣赏会，文娱晚会以及美术、书法、歌咏、舞蹈、雕刻、摄影等各种文艺小组等。在这里学生既可以欣赏，也可以进行创作和排练、演出，结合这些活动对学生进行美学观念的教育，培养学生对文学艺术的兴趣与爱好，发展他们感受美、鉴赏美、表达美、创造美的能力。通过文学艺术活动,一方面丰富了学生的精神生活,培养了他们的高尚情操;另一方面也活跃了校园气氛。

我国一直都比较重视文艺活动这个重要的美育途径。最早可以追溯到中国古代教育家、思想家孔子。孔子曾把"乐"列为"六艺"之一。他认为"乐"可以陶冶人的心性。他有一个著名的理论:"兴于诗,立于礼,成于乐。"他把"乐"看作兴邦治国的重要措施。荀子发展了孔子的乐教理论,对音乐教育做了比较全面而系统的论述,荀子说:"乐者,治人之盛也。"它使人"耳目聪明,血气和平,移风易俗,天下皆宁"。充分肯定了音乐的重大作用。

总之,文学艺术活动对于美育是非常重要的。在组织和管理文学艺术活动时,要照顾学生的年龄特征和个人的兴趣爱好,不要强求律,这样才有助于审美兴趣和才能的发挥。

五、社会公益活动的管理

社会公益活动是直接服务于社会公益事业的无偿地义务劳动。在我国,青少年参加社会公益劳动,有着优良的传统。其目的是培养学生的劳动观点和习惯,培养他们的社会义务感和责任感,培养他们的集体主义精神,全心全意为人民服务的思想、感情和品德,使他们学习和掌握一定的自我服务和生产劳动的知识和技能。另外,社会公益活动对扩大儿童和青少年的眼界,扩大和加深他们对人际关系、社会关系的理解都有重要的作用。

社会公益活动的内容主要包括服务性的社会公益活动和生产性的公益活动。其中服务性的社会公益活动包括:为孤寡老人做好事;宣传交通规则、维护交通秩序;宣传卫生常识,帮助搞好公共场所的清洁卫生等。生产性社会公益劳动有参加厂矿劳动和农忙收割;为城镇、生产队植树造林等。

有些社会公益活动,也是贯彻教育与生产劳动相结合的方式之一。但是社会公益活动要尽可能地结合教学、教育进行,照顾到学生的年龄特征,参加活动应是学生力所能及的,要因时制宜、因地制宜,同时还应该争取社会的配合。

六、国防教育的实施管理

中学国防教育是全民国防教育的基础，是向青少年进行公民素质教育的重要途径。

它对于激发青少年的爱国热情，树立为建设祖国、保卫祖国而努力学习的正确学习目的，促进青少年德、智、体全面发展，有着十分重要的作用。

七、课外阅读活动的管理

所谓课外阅读活动是指学生在课堂教学范围之外，根据某一方面的需要或自己的爱好、兴趣所进行的完全自觉的读书活动。课外阅读是很广泛的，不仅包括历史、地理、物理、化学等与课堂教学有关的书籍，而且还包括有关思想修养、文学艺术修养等方面的书刊。所以，课外阅读活动特别有利于开阔学生的视野，接触和吸收新鲜知识，同时也是激发学生学习兴趣的源泉，培养学生的自学能力和思维能力的重要途径。

课外阅读所获得的知识越多，越有利于学生对课堂知识的理解和掌握，而学生在课堂上所获得的知识，更需要通过课外阅读加深、提高和扩展。教师可以一方面组织正常的教学，但更重要的是指导学生进行课外阅读活动。内容健康、积极、生动、有趣的书籍是青少年的良师益友，应该大力支持学生的课外阅读活动，并为这种活动创造条件。

八、体育活动的管理

体育活动是课外活动中最为普遍、最为广泛的活动，也是青少年比较热衷的活动。体育活动可谓是一片广阔的天地，它的具体内容有：田径、体操、武术、游泳、滑冰、滑雪、爬山、足球和篮球等。课外体育活动的作用也是很重大的。

第一，课外体育活动有助于增强体质。这是不言而喻的。

第二，课外体育活动可以推动智育的发展。人的身体的发展和智力的发展是密不可分、紧密相连的。体育运动能够增强体质，有助于增进身体的机能潜力，特别是大脑的机能潜力，有助于提高智力和学习的效率。大量的研究和实践表明，青少年的体质愈强愈有利于他们对文化知识的学习和掌握。同时，良好的体育手段的运用，有助于实现思维、观察力、随机应变能力、判断力的发展。

第三，课外体育活动有助于培养学生团结协作、个人服从集体的精神。课外体育活动或是自发的，或是由班集体组织、中学组织，但都是以集体形式进行的。学生在集体活动中，由于需要相互配合、相互协调才能取得胜利，所以集体活动既有助于体验道德关系，也有利于集体荣誉感和顽强拼搏、奋发向上精神的培养。另外，一般体育活动都有实施细则和比赛规则，学生对这些细则、规则的遵守，有利于他们的诚实性和纪律性的培养。

第四，课外体育活动是发现和培养人才的重要途径。课外体育活动的一大特点是：在满足学生个人的兴趣、爱好和发挥个人专长方面具有很大的优势。所以，通过课外体育活动往往可以发现具有某方面特长的人才。中学可以根据学生的兴趣和特长，组织专项锻炼小组或运动队对学生进行系统的业余训练。

课外体育活动的组织形式主要有作息制度中规定的体育活动、体育锻炼小组的活动、运动竞赛以及运动队和中学代表队训练等。

虽然课外体育活动一般都体现自愿参加的原则，但是有些活动中学都要明确规定，要求每个学生都必须参加。如课间操、眼保健操和早操等。

中学经常开展多种多样的体育比赛，可以推动中学体育的开展，活跃中学生活，可以增强集体观念，培养进取精神。因此，中学应根据本校传统和季节的变换，经常举办各项小型多样的班级、年级以及校际比赛。

运动队和代表队都是由体育尖子生组成的。运动队和体育代表队的训练是在全面贯彻执行我国教育方针，增强学生体质的情况下，重点提高运动技术水平，并为发现和培养体育人才打下基础。

课外锻炼小组是在教师在指导下，有组织、有计划地进行体育锻炼的小组。为了提高锻炼小组的锻炼效果。必须加强领导、落实指导，主动地、积极地、协调和解决器材、场地、指导人员等方面的问题。

九、社会调查活动的管理

近年来，社会调查作为一种自我教育形式，深受学生的欢迎，收到了良好的效果。

（一）社会调查的形式

1. 座谈、采访调查

这种形式多用于对模范、先进人物以及战斗英雄事迹的调查。座谈、采访可以使调查者和被调查者面对面地交谈，通过问、听获得大量真实的感性材料，而且还可以就某一方面的问题进行询问和讨论，得出结论，用于指导自己的思想和言行。这种形式对学生学习先进的思想，寻找成长的道路是有启迪和帮助作用的。

2. 实地调查

它是一种让调查者深入实际进行全面感受和体会以及收集资料的方法。这种形式在社会考察中被用得较多。实地调查的优点是很多的。它能够使调查者亲临其境，充分发挥各种感觉器官的作用，积累丰富的感性知识，而且能够了解事物的内部联系，由此及彼，找到普遍意义和规律性的东西，有利于调查者综合、全面地看待所调查的主题。这种调查一般要动用大量的财力和物力，也需要调动一些社会因素。

3. 查阅有关书刊调查

组织学生查阅大量报纸、杂志，收集材料，逐步分析问题、解决问题，进而得出一般性的结论。

4. 通信调查

这种调查方式适用于距离较远，且由于经济、交通等原因不能进行实地考察或面对面座谈的情况。通过书信的方式，使学生对远方的情况得以了解。随着科技的发展，通信调查的方式也可用录音、录像等方式代替。

5. 电话调查

这种调查方式的特点是比较及时的。一般是整个实施调查的团体就所调查的主题提出具有代表性的问题，然后选派代表通过电话查问，得到答案或证实某一问题。

（二）社会调查的优势

社会调查活动之所以受到欢迎，主要与它自身的优势和合理性是分不开的。

1. 社会调查符合认识规律

人的认识的一般规律是，由感性认识经过思维加工上升到理性认识。中学生的年龄特点决定了他们获取知识的最主要的途径是获取感性材料。而传统的课堂教学，都是系统地向学生传授经过概括化的间接经验，理论性比较强，不容易被学生接受。课堂教学的这一特点导致的直接后果，就是完全依靠课堂教学。通过课堂这一渠道，学生是不可能得到较全面、正确的感性材料的。同时，又由于学生自身缺乏正确的思维方式，加之错误舆论的导向作用，学生往往会对政治、经济、人生观等方面的看法产生指导思想上的倾斜。在这种情况下，仅仅简单地进行口头上的说教，效果肯定不理想。这时就应该积极地组织社会考察，让他们走进社会这个大课堂，从活生生的现实生活中悟出深刻的道理。

2. 社会调查活动符合学生的心理品质特点

青少年有强烈的求知欲望和永不满足的好奇心。他们要认识和了解现实生活中的许多事物，但并不安心于别人给他送来现成的结论。所以，他们愿意走进社会，走进现实，睁大自己的双眼去看，用自己的大脑去思索。从这个角度来讲，社会调查活动有利于培养学生的敏锐的观察力和正确的思维方法。

3. 组织社会调查活动应注意的问题

社会调查活动本身具有很多优势和可行性，但还需要加以正确的组织和管理，才能充分发挥其长处，为我所用。作为校外活动的管理者在组织社会调查活动时，不可忽视以下三个问题。

（1）开展社会调查必须有充分的准备

准备工作的充分与否在一定程度上可以说是调查活动能否取得成功的

关键。在社会调查未进行以前，必须制订严密的组织实施计划，厘清进行社会调查的目的、专题以及具体的实施步骤等。在专题确定以后就应该围绕这个专题收集丰富、翔实的材料。只有在占有大量事实材料，具有丰富的有关事实背景的情况下，才能避免被动，占据主动。

（2）调查要积极利用周围的教育条件

社会调查并不是一定要到很远的地方去进行，也并不一定要去访问、采访知名人士。平凡的生活中到处都有学生没有认识的事物，有闪光的事。如果利用身边的教育条件，由于被调查的对象都是学生熟悉的，不但能够促进调查活动的顺利进行，也更容易对学生产生更为深刻的影响。

（3）社会调查活动中要充分发挥学生主动性

在社会调查活动中，要让学生成为主人。组织者把调查的任务和要求交给学生以后，要放手让学生带着问题去思考，去积极想办法解决问题。这一方面培养了他们解决问题的能力，另一方面也给他们适应社会提供了机会。组织者一定要树立信任学生的观念，不要前怕狼后怕虎，总担心学生把事情搞坏，不敢放手，但这并不是否定组织者的作用。组织者应从实际出发，为学生提供良好的活动条件和合适的启发指导。

十、参观、访问活动的管理

参观、访问活动是我国各级各类中学都比较重视的、简单易行的课外活动。通过这项活动，在很多方面都可以收到良好的教育效果。

参观访问的对象、形式是很多的，可以参观工厂的生产情况，参观不同兄弟校的学生学习、生活情况，参观革命烈士陵园和纪念馆，访问革命老人、劳动模范和战斗英雄等。

生产参观是进行劳动技术教育的一个重要途径。生产参观既可以组织学生参观工厂的生产过程、设备情况、操作技术、组织管理和工艺流程等，也可以组织学生参观农村的农业生产，特别是现代化的农业单位等。通过参观，能使学生获得现代化生产的感性认识，树立尊重劳动的观点。

十一、旅游考察活动的管理

这是近年来刚刚兴起的课外活动。中学生假期组织旅游活动很有意义。

苏联教育家苏霍姆林斯基曾说："不要让中学的大门把儿童的意识跟周围世界隔绝开来，这一点是多么重要啊，我竭尽努力，使他们在童年时期的所有年份里，让周围世界、自然界不断以鲜明的形象、图画、知觉和表象来滋养学生的意识。"

暂时放下学习的重负，忘情地呼吸新鲜空气，与花香鸟语为伴，放飞思想。偶尔从繁重的学习任务中解脱一下，有助于拓宽学生的思路，有利于更好地学习。

大自然就是一个最好的课堂，在旅游考察的过程中，学生可以认识很多动植物和各种矿产，采集很多标本。这种收获是课堂教学永远无法达到的。

第三节 课外活动管理制度

一、中学课外活动管理制度

中学课外活动的内容要丰富多彩，形式灵活多样，这样有利于学生各种能力的开发。但是对课外活动的工作应进行科学管理，一般按照下面六原则去办。

（一）教育性原则

中学课外活动必须以具有教育意义为准则。课外活动工作的管理，必须把握课外活动的教育性，掌握教育的方向，组织教育内容的设计，检查监督其实施。

在组织实施课外活动中，课外活动工作管理应使学生在获得各类知识、技能的同时，进一步培养良好的道德品质，丰富道德情感，形成高尚的情操和文明的行为习惯。开展各种课外活动，都应坚持以理论为指导，分别向学生进行科学理论教育、艺术理论教育、技术原理教育。促进学生辩证唯物主义和历史唯物主义世界观的形成。

（二）趣味性原则

强烈的求知欲和浓厚的兴趣是分不开的。头脑中问题的出现、好奇心的激发、兴趣的产生、乐趣的取得、志趣的升华，都不是生来就有的。各种课外活动的开展，也不一定就是学生愿意参加并能坚持的。这就要求课外活动工作的管理者，设置及组织实施适合青少年年龄特征、适合他们的学习阶段，对他们来说富有趣味性内容的各种课外活动。通过这些有趣味性内容的各种课外活动，激发学生的好奇心，激发他们的兴趣，吸引他们参加到活动中来。

（三）实践性原则

实践性是课外活动的重要特性。学生能力的培养，重要的一条在于必须独立观察、分析，在实践活动中锻炼。坚持实践性原则，应放手让学生亲自进行实践活动，提供使学生进行实践活动的必要的物质条件，对各种课外实践活动组织实施卫生监督，以保障学生的健康及安全。

（四）学生自愿参加的原则

中学课堂教学具有法定的强制性，每名学生都必须按规定上课学习。课外活动则需为满足学生个人的爱好和培养学生的特长而开展。学生设置的各种课外活动项目，不同于教学计划中所设置的各个必修和选修科目，它本身不具备法定强制性，不能强令每名学生必须参加。学生有主动选择性，他们可以选择符合自己爱好、切合本人实际的课外活动项目。课外活动工作的组织者，应以丰富多彩的活动内容，去吸引学生参加到活动中来，按照相同爱好加以组织，配备辅导教师给他们以指导，使课外活动逐步深入，并能坚持和巩固。

（五）普及与提高相结合的原则

中学课外活动的组织实施，首先应面向全体学生。通过开展群众性的课外活动，组织班级学科小组活动，吸收学校中的部分学生参加。与此同时，还要把那些在某一学科领域有才能、水平较高的学生吸收到课外活动中，把他们组织起来，进行更高层次的培养与训练，并借以推动课外活动的广泛开展。

（六）传统与革新结合的原则

中学生的兴趣是广泛的，要全部满足学生的兴趣与爱好，组织起各种内容的课外活动，限于师资、设备、经费等方面的条件，每所中学都只能尽量争取，但是不可能全部达到。各校应根据自己的师资条件、设备情况，以及可借用的家长和社会力量，以尽可能多的内容，把学生的课外活动生动活泼、丰富多彩地开展起来。同时，要因地制宜选择一些项目，投入比较优势的力量，坚持不懈，使之形成中学课外活动的传统项目。这些传统项目，应有自己中学的特点和风格。传统项目的课外活动，象征着中学校风、校貌及中学声望，它能以自己的显著成效激发中学全体人员的集体荣誉感，使中学具有活力。

坚持传统与革新结合的原则，组织中学课外活动工作，将使中学的课外活动既具继承性又有创新性，充满生命力，更加绚丽多彩。

二、中学课外活动管理暂行办法

（一）目的与意义

为了积极贯彻和执行国务院颁布的《全民健身计划》以及教育部关于实施《国家学生体质健康标准》的精神，落实"保证学生每天在校 1 小时的体育锻炼时间"的规定，切实加强中学体育工作，规范体育行为。在结合我校实际情况的基础之上，将体育课外活动作为课程实施，特制定我校体育课外活动管理规定。

（二）活动的管理与职责

第一，行政领导根据实际进行点名考核。

第二，体育组组长统筹安排每周的课外活动，场地值班体育老师进行安全与技术指导以及评价活动。

第三，班主任与任课老师具体负责组织实施。

（三）实施办法

1. 时间、地点与形式

课外活动时间为周一（或周二）、周三、周四下午 15：35—16：35 三个单位时间。场地为各类体育场馆、空地等。形式为以班级为单位，由班主任与任课老师根据实际情况确定每周的课外活动项目、器材与活动场地。

2. 实施的流程

第一，班主任每周四前向体育组长上报班级下周课外活动项目 1—4 个（包括场地、所需器材）。

第二，体育组组长根据班级项目上报情况，结合中学场地与器材实际，统筹安排，并于每周一 9：00 前将本周的课外活动统筹安排表上传至班主任、教务处群共享与校园网。

第三，班主任与任课老师根据体育组的统筹安排表做好活动前的前期准备。

第四，活动时每班在班主任与任课老师的带领下，在规定的活动场所先进行集合与考勤，接着做好准备活动，排除安全隐患，然后积极认真地进行课外活动，最后活动结束时进行整队总结并归还向中学所借的课外活动器材。

3. 活动内容

活动内容分为指定性活动和自主性活动。

（1）指定性活动

指定性活动是指在校生必须参加并达到规定内容与标准的活动，如体质达标测试项目、体育课课外练习。

（2）自主性活动

由班主任与任课老师自主根据学生的兴趣、爱好、特长、专业特点等确定每周的课外活动项目，如大众体育游戏竞赛项目、自创的游戏活动项目、班级之间的对抗赛等。

4. 活动要求

第一，所有在校学生均需参加课外体育活动。

第二，各班活动必须按照体育组统筹安排的活动时间表，开展课外体育活动。特殊情况各班级与体育组协商解决。

第三，值班体育教师要根据中学的统一安排，积极指导学生课外锻炼的各项身体练习与评价工作。

第四，学生在锻炼活动中，应增强安全防范意识，如预先热身，做好准备活动。

第五，班主任与任课老师应通过各种形式，提高学生认识，激发学生主动参与活动的积极性。学生要积极参加，认真锻炼，班主任或任课老师必须于活动前做好考勤记录，学生不得无故迟到、早退、缺席，学生事假、病假必须及时将请假条交给班主任，否则按缺席论。

第六，学生课外活动次数必须达到学期总数的 80% 以上。

第七，如遇下雨天，课外活动暂停。

5. 体育器材使用办法

第一，班级活动需向学校借器材的，必须由体育委员、班主任或任课老师统一到器材室登记后领取器材，并在规定时间内如数归还。如逾期不还的，器材室将在两周内对该班禁借任何器材（体育课除外）。

第二，学生在使用器材时，应按器材要求使用，对故意损坏学校器材或不归还者，责令在限期内按价赔偿。

6. 评价办法

第一，场地值班体育教师对班级的活动情况的评价，主要从以下五个方面：集合（2分）、考勤（2分）、准备活动（2分）、课堂表现（2分）、及时归还器材下课（2分），进行 10 分制评分。每周的课外活动课评分汇总表由体育组长交给值周老师，再由值周老师记入每周的正课纪律分。

第二，班主任根据一学期课外活动考勤表，给达到学期课外活动次数的学生每人 100 分，并输入综合学分制系统的课外活动课程。对于校体育运动队队员，因训练冲突的，可免于课外活动。

第三，参加课外活动的班主任、任课老师、体育组长与场地值班老师每周按 1.5 节课来计算课外工作量。

第八章　校园文化管理

第一节　物质文化管理

一、形象的塑造

随着我国社会主义市场经济体制的建立，越来越多的中学管理者已经认识到了中学形象在中学发展竞争中的作用，许多中学在形象设计方面进行了大量的探索与实践。

（一）中学形象的内涵

中学形象，是指由中学文化所支配的中学的客观态度在公众心目中的主观印象。社会公众对接触到、感受到的中学校园环境、师生仪表、教育教学过程等总会在头脑中留下一定印象，并根据过去已有的知识和经验，对新近获得的印象进行分类，经反复接触感受或观察，形成较为稳定的可靠的总体印象。中学形象不是一个抽象的概念，而是有其具体内涵的，它既有识别系统和外部形象的设计问题，又有一个内在素质塑造的问题。中学形象不仅来源于公众对中学所表现出来的、看得见摸得着的外在事物的观察，而且源于公众对中学内在精神和内在文化的感知和体验。

国外一些学者和教育实际工作者对中学形象标准和特征进行了研究，概括了理想中学形象的一些共同特点：①理想中学形象首先是学业标准高，教学质量高。②有良好的积极向上的校风。③建立满足不同学生需求的课

172

程体系和教学体系。④师生关系平等、民主、和谐，有畅通的信息交流反馈渠道。⑤重视个人价值和个性发展，为学生提供有效的学习指导和职业指导。⑥中学与家庭、社区关系密切。⑦有一支高水平的教师队伍。⑧有一个责任心强、精力充沛、以身作则，实行"走动管理"的中学带头人和校长群体。从以上列出的特点中，不难看出中学形象内涵的根本还是在于中学整体的内在素质和内在文化。

中学形象的内涵应是中学内在精神文化和外在形态两个方面构成的统一体，它是综合了中学环境、中学管理、教育质量、文化等各个方面，以一个整体外显于社会的。它是中学校风的集中体现，是中学文化、中学精神的结晶，是中学管理者个性化的"作品"及中学历史和传统的积淀。

（二）中学形象的基本要素

中学形象作为一个整体，它由以下几个基本要素构成。

1. 内在观念形象

办学思想、办学理念是中学的灵魂，是办学的根本，它支配着中学校长与教职员工的教育行为。有什么样的思想观念，就有什么样的教育行为和管理行为，就有什么样的中学。尽管办学思想理念看不见摸不着，但实实在在地发挥着导向作用。正如一位学者所说，思想观念是不能直接影响客观世界的，但它是通过改变人的行为来改变客观世界的。中学内在观念是一所中学的灵魂和个性所在，它是自己区别于其他中学的根本标志。名校之所以成名，就在于它具有内在的、高人一筹的办学思想和办学理念。因此，教育观念的更新与改革是塑造中学形象的先导。

2. 组织制度形象

组织是进行协作的集合体，由一定人员按照一定程序为着一定目标而组成的合作性统一体。中学组织职能主要是把人、财、物、信息、时间、空间等教育资源合理配置，优化组合，设计营造和谐的集体环境，使人们能够互相配合、协调行动，以获得最优化的群体效应。中学组织结构应该包括校长、领导班子、教职工队伍以及管理的机制、制度和各自的素质状态，由这些构成组织结构形象。

3. 行为形象

行为形象包括学生形象、教职工形象和领导形象等。学生是中学最终的"产品"，是中学形象的最终体现者。一所中学的好坏，关键还是看学生的质量。有了学生质量，就有了中学生存和发展的基础，就有了中学的知名度和影响力。因此，学生形象是中学形象的核心，教工形象是中学形象的重要因素。名校培养名师，名师创造名校。没有高质量的师资队伍就没有高质量的中学，这已经成为人们的共识。领导形象是中学形象的关键要素。人们常说有什么样的领导就有什么样的中学。其中校长是中学的法定代表人，对内全面负责，对外全权代表中学，其形象的好坏，不仅仅属于他个人，而是与一所中学密切相关的。

4. 中学环境形象

中学的环境形象，一方面指学校的教育教学设施、生活设施、休闲娱乐设施及中学的绿化设计等。中学环境形象通常以中学的整体建筑风格与布局、学校室内环境布置展现在人们面前。中学环境形象是中学的"门面"，它最容易给人们留下直观的感受。另一方面是指长期教育活动中形成的、师生所自觉遵守和奉行的共同价值观念、中学精神、教育理念和教育行为方式。中学环境具有教育功能、凝聚功能、陶冶功能和导向功能。中学的环境氛围、中学的校风以及植根于教职员工中的精神理念都是构成中学环境形象的要素，中学环境形象的建设，有助于培育师生的群体意识和团队精神，有助于激发教师对中学的归属感和责任感。

5. 中学的公关形象

任何中学的生存与发展，都必须依托社会、依托所在的社区。加强与社区、家长的联系，走开放式办学的道路，努力提高中学在社会及公众心目中的知名度和美誉度，从而赢得社会、公众的理解、合作和支持，是教育改革和中学发展的必然要求。中学的最重要的使命就是通过促进学生的成长而促进社会的进步，使人类文明得以传承并发扬光大。中学在社会公众中的形象，不仅取决于中学的物质环境及教育教学设施，更取决于学生的质量以及中学全体师生的所作所为在公众中的口碑如何。所以说，中学公关形象也是中学形象的重要组成部分。

（三）中学形象的功能

1. 良好的中学形象可以为中学创造发展契机

中学形象好，容易获得领导的重视、社会的支持、家长的信任、师生的认可，它可以优化和拓展中学生存发展的空间，为中学赢得更多的发展机遇。它是一笔无形的精神财富，可以通过适当的方式转换为有形的物质财富。

2. 良好的中学形象可以为中学增强教育能量

一所校风好、校容美、质量高、声誉佳的中学本身就是一种强大的教育力量。师生置身其间，在长期的熏陶感染中，行为得到规范、心灵受到陶冶、素质不断提高。良好的中学形象不是从天上掉下来的，在它的形成和发展过程中，往往会生成一种与之相适应的健康的中学文化。这种组织文化一旦形成，师生就会在潜移默化的氛围中接受共同的价值观念，形成一股信念和力量，向着既定的目标方向努力。当具有特定文化内涵的中学形象被师生认同后，就会以微妙的方式来沟通人们的思想，产生对目标的认同感，从而形成一股强大的凝聚力量，把成员团结起来，使教育管理产生巨大的整体效应。中学形象是以与中学相关的一切活动、事物、人员为载体而反映出来的，它涉及中学办学的各个方面。公众对中学形象的把握往往是复杂的、零碎的与不确定性的，这就要求中学管理者借助形象设计系统与形象设计活动来实现中学形象的合理规划、准确表达和广泛传播。

中学形象设计绝不是中学办学过程中局部性的策略与手段，而是中学可持续发展的战略选择。从本质上看，中学形象设计过程本身就是一所中学办学发展的过程。

（四）塑造中学形象的要求

1. 树立形象意识

树立形象意识，将形象设计理念融入中学日常办学工作的各个方面，使中学的发展过程成为中学形象不断调整、巩固、充实、提高的过程。随着地区社会经济的发展，本地区社会和家长的教育需求也正在发生变化。

要确立中学形象设计的目标与思路，就要认真分析本地区教育需求的变化，并结合中学实际发展的需要来确立。

2. 树立群体意识

中学形象塑造，是一个全员参与、全方位实施的过程。从制订计划，到实施落实，都需要中学师生的共同参与。中学形象是在公众心目中形成的主观印象，它是从各个角度、各个方面长期积累而成的。从师生员工的言行仪表到卫生环境，从组织管理到教育教学，都需要全体师生从点点滴滴小事做起。只有形成人人是形象的氛围，大家共同努力，才能树立起良好的中学形象，也才能真正起到推进中学发展的作用。

3. 树立创新意识

在竞争战略中，一种重要的竞争战略就是别具一格或差别化，如果采用差别化竞争战略，就应依靠其他多种要素乃至整体形象的差别化，这就要求有更为鲜明和具有个性化的形象设计。因为组织形象的识别性不能仅仅依靠视觉的统一性，而是首先要把组织形象刺激从周围的刺激中分离出来，成为公众知觉的图像，被公众主观识别和记忆。

（五）具体做法

1. 提高教工素质和服务水准

中学的主体是教师和学生，中学要塑造良好的形象，首先必须塑造好教工的群体形象。

同时，要培养教工对中学的认同感，培养职工的集体意识，树立爱校思想，具有"校兴我荣，校衰我耻"的责任感，教工与中学休戚与共，风雨同舟，为中学发展献力。

2. 树立优良的学生形象

学生形象是一所成功学校的根基。学生是中学直接向家长展示中学形象的关键环节，倘若中学培养的学生不受社区欢迎，没有得到家长认同，无礼貌，不讲社会公德，就根本谈不上提高学生质量。

3. 打造良好的社会形象

每个中学都生存在自然与社会环境中，中学要顺利发展需要协调好与公众及政府的关系。中学为了获得社会公众的欢迎，应当在社区活动和政府的中心任务中积极参与，做出超一流的成绩，以提高中学公众信誉，在较大范围内显示中学良好的公众形象，使社会公众感到中学不仅教书育人，而且能主动肩负社会责任。

4. 依托媒体展示中学形象

中学要扩大知名度，离不开新闻传播媒介的帮助。因此需要与之建立融洽的关系。要得到新闻传播媒介的帮助，首先必须做好自己的工作，以自己的业绩赢得新闻媒介的关注和兴趣，为新闻单位创造条件。其次，中学要主动、积极、热情地与新闻传媒搞好关系，建立长期、稳定的联系，经常及时向新闻单位提供中学信息，创造机会展示自己，借此扩大中学的影响。

二、校园环境的建设与管理

要建设优美的校园环境，必须谙熟中学的历史沿革，明确中学性质和特色，结合中学的具体实际。

（一）校园环境的建设

优美的校园环境有四个特点。

1. 洁净整齐

整洁是文明的重要标志。校园外观明快清新，花草相融，乔灌结合，错落有致，景色宜人。教室、寝室、办公室、图书阅览室、食堂等处干净卫生，物品摆放有序，完美无损。这样的校园环境能给人以亲切、认真的感觉，启发全校师生的自尊自爱和严肃守纪。

2. 宁静和谐

校园应是宁静的。校址选择要尽量远离主要交通干线和工厂等噪声源。内部教学活动更要减少相互干扰。

3. 特色优美

中学是润化人心灵的殿堂。校园一草一木、一砖一瓦、题字标志要有反映中学个性的风格特色，使人有差异感和新鲜感，启发学生的探索和创造精神，并保持良好的心境投入学习。

4. 直接教育作用

中学应结合教学提出少而精的警语、口号，反映在科学园地，各种类型的黑板报、墙报和有助于教育教学质量提高的设施上。科学布局，制订好全面规划应遵循四个原则。

（1）超前性原则

时代在发展，社会在前进，所建房舍不但外观要有特色，保证二三十年不落后，而且在内部结构上，要为现代化的教学和管理设施安排好位置。

（2）科学性原则

根据中学周围环境，明确校园分区，如教学、运动、生活三个区。如果校园分区布局合理，可避免学习、运动、生活等互相干扰，减少各种活动交叉引起混乱。

（3）连续性原则

整体规划，一旦确立，就成了中学建设的"法"，不能随意改变。

（4）教育性原则

整体规划设计的宗旨就是有利于育人。许多中学将一切动态与静态、有形与无形的有机组合培植成丰富而系统的教育信息，有效地为育人服务。

5. 营造文化氛围，突出育人功能

中学的环境建设要体现育人的精神，突出"文化"的特点，为学生的健康成长营造一种无时不有、无处不在的教育氛围。这是素质教育要求每一所中学、每一位教育工作者必须重视的问题。重视营造文化氛围，有利于发挥其"智化"功能，能陶冶学生的情操，增长学生的知识，开阔学生的视野，使学生在潜移默化中受到教育。

6. 建筑表现出中学的特色

特色产生魅力，特色是校园环境中最打动人的地方，它以自己鲜明的个性吸引并感召着一代代青年在这里创造性地学习，在探索中成长。凡是人才辈出的名校都有自己的教育特色、校园环境的特色。

（二）校园环境的管理

1. 校园环境管理必须做到组织机构、管理制度和教育措施三到位

（1）组织机构到位

抓好校园管理，领导是关键。许多中学领导认为，没有一流的校园管理就没有一流的教育质量，没有全校师生参与的校园管理，就是毫无意义、毫无成效的校园管理。校园管理从宏观上看是对物业方面的管理，从微观上看是对青少年学生良好习惯的培养和美好心灵的塑造，是一种素质教育。抓卫生管理是对学生进行思想教育和习惯培养的有效途径，抓校园环境建设和绿化管理的目的在于让环境说话，让花草育人。

（2）管理制度到位

中学要加强校园管理的制度建设，制订学生宿舍管理员、食堂炊管员、绿化工等岗位责任制，完善教室管理制度、学生宿舍管理制度、安全保卫制度、校园环境卫生量化考核等项制度，使校园管理工作有章可循，有法可依。每项制度做到挂在墙上，记在心上，落实在行动上。

（3）教育措施到位

中学要注意发挥四个主阵地的教育作用，这四个主阵地是：班会、团队会、宣传栏、广播室。中学政教处、团队办公室要有目的、有计划地组织班会、团队会，宣传讲文明、讲卫生、守纪律的重要性，教育学生文明、卫生、有序、和谐的环境要靠每个人的努力创造，要求学生时时用文明的标尺来衡量自己的言行，从自己做起，从身边的小事做起，强化学生的参与意识。

2. 从严治理，标本结合，不断提高管理创新意识

中学领导既要明确从严治理，标本结合，又要鼓励校园管理创先进，不断提高管理水平。校园环境管理，除了领导到位，群体参与，完善制度，加强训练以外，还可采取一些有效措施。

3. 学生参与校园环境管理，充分发挥团组织和学生会的作用

组织学生参与校园环境管理，这样既促进了学生"自治""自立""自理"能力的养成，又不至于使校园环境管理只成为后勤员工的专职工作，避免了以往的管理范围小、参与面窄且流于形式等问题的出现。

（三）校园绿化管理

校园绿化是中学环境管理的重要内容之一。中学不仅要不断优化育人的精神环境，而且要不断优化育人的物质环境。搞好校园绿化工作，既是物质文明建设的要求，又是精神文明建设的要求。

1. 科学设计规划

在设计整体校园建设规划时，应将绿化、美化包含在内，绿化规划应体现超前性、科学性、整体性。

2. 绿化要有本校的特点

中学是育人的场所，校园绿化具有自身特殊要求，中学绿化不能只停留在美观成荫和固沙防尘上，还要从中学工作的特点出发，充分考虑到绿化的教育作用。

3. 提高校园绿化率

我国幅员辽阔，气候差异很大，各校规模大小及地形环境各不相同，因而必须因地制宜，把提高绿化覆盖率放在首位。

4. 绿化必须抓住季节和时机

每年植树节前后是绿化的"黄金季节"，要早作安排，心中有数。要多种植适应性强。生长健壮的乡土树种。注意将常绿树和落叶树、速生树与慢长树、观赏树与经济树、乔木与花灌木相结合，并辅以各种藤本、花卉、草皮和地被植物，按照不同的土地条件和功能要求来种植。要先解决绿化覆盖率达标问题，进而向香化、美化、景点化方向发展。

5. 做好绿化中学环境的安排

第一，校门口的绿化应以美化、壮观为主，两侧可种大株的常绿树，如玉兰、雪松、龙柏等，还可适当配种花草，建大型花坛。

第二，校园道路的绿化以庇荫为主，两旁可种植高大遮阳的乔木，以常青树为主。

第三，教学楼南北西面，以种灌木或绿篱花卉、草皮为宜，如果种乔木，应当距离教学大楼远一些，防止遮挡光线，影响学生视力。

第四，宿舍区的绿化，要树木花草搭配种植，空坪要多一些花草，或砌上花坛。

第五，体育场地绿化以庇荫为主，操场内铺植草皮，操场四周种高大乔木，形成林荫带。

第六，中学四周围墙，可植高大密集乔木，可消音除尘，保护中学环境。

三、中学组织内部的生态环境建设

（一）中学生态环境概述

中学生态环境是指学校中各类人员进行以教与学为主的各种活动所依赖的种种物理因素与社会因素。中学生态环境是复合生态环境。中学生态环境与生态主体之间有着广泛的联系，并以此构成中学生态系统。中学生态系统是一个由人—活动—环境构成的复合生态系统。从中学生态环境的性质来分，可分为物理环境、社会环境以及心理环境等，其中中学教育的物理环境包括中学校园布局、中学建筑、设备布置以及照明、颜色、噪声等物理条件；中学教育的社会环境则包括中学自身的各种因素，如中学规模、班级规模、座位编排等。教育生态学较少涉及心理环境问题。环境与环境之间、人与环境之间的动态的相互联系，对中学教育教学活动、中学组织气氛、人际关系、学生的学业成绩与情感发展等，都会产生直接或间接的影响。

（二）校园布局与中学建筑

校地面积直接影响中学中各种活动的开展，影响学生身心的健康发展，进而影响中学自身的生存与发展。宽阔的校园，不仅可以使学生有充分开展各种活动的空间，给人以心情舒畅之感，也有助于新的中学建筑设施的布局以及中学的长远发展。

校园布局是指中学校园内建筑设施、绿地、运动场地等各种环境要素的空间分布。校园布局应有益于中学教育教学活动的开展，有益于学生的身心发展。校园布局的首要原则是功能分区。所谓功能分区，是指根据各种中学建筑设施和区域的不同功能以及其中所进行的各种活动的不同性质，将校园从宏观上划分成几个小区，以免这些功能不同的小区，性质各异的活动相互干扰。其次，还要充分考虑不同类型的中学建筑之间的关系，注意各种设施在教育教学活动中运用的灵活与方便。中学建筑要充分体现灵活性，能变化，易调节，适应性强。同时，还要体现开放性、实用性和效率性等特点。

（三）中学规模

作为中学生态环境的社会因素，中学规模对中学教育教学活动以及中学各类人员，尤其是学生的价值观、态度、行为等，产生种种深刻影响。中学规模的扩大，会使学校组织更加复杂，也趋于分化，进而造成中学组织管理的制度化、严密化，并在一定程度上造成中学管理秩序的固化。大型中学，由于组织职能的分化以及各种规章制度的确立，一切行政管理事务、课程、教学和考试等，都趋于标准化和一致性，中学在一定程度上成为教育"工厂"，可能存在较少顾及教师特别是学生的个别差异的情况。但大型中学有人数众多、属于不同科类的师资，可以开设较为广泛的课程，拥有较好的教学设备，有利于教育教学活动的开展，小型中学则相反。当然，由于学生学习与发展本身的复杂性，中学规模与学生的学术性成绩之间没有什么相关性，但对学生的戏剧与演讲、管理、写作和音乐等非学术性成绩却有着较大的影响。

四、教室生态环境建设

中学教室作为对青少年进行教育、教学活动的场所，作为一种具体的、静态的生态环境，直接影响着教师和学生在其中开展以课堂教学为主体的各种活动。

（一）教室物理环境要素

中学建筑设施为发生在中学教育教学过程中的所有人与物的互动提供场所，同时也决定了中学环境特别是教室环境中最基本的环境要素，如颜色、光线、温度、噪声等。各种环境要素往往与学生具体的学习场景和活动场景联系在一起；各种环境要素彼此之间相互联系，相互影响，共同构成统一的空间环境。在中学环境，尤其是教室环境中，丰富而合适的色彩、适度的光线（柔和的灯光照明）、适宜的温度可忍受的噪声甚至舒适的座位等，不仅会对人的生理状况产生相当的影响，而且会对学生的态度与行为产生显著影响，进而影响教学与学习活动的开展。在考虑各种环境要素达到一定标准的同时，还应使其彼此协调，增进学习环境在感觉方面的舒适感和视听方面的敏锐度，使学生的学习和活动在最小压力和最大效率的条件下进行。

（二）教室布置与座位编排

1. 教室布置

教室布置与房间的形状有关，并直接影响课堂教育教学活动。梯形座位适用于讲座、定向活动和信息展示；马蹄形座位编排同样适用于有效的信息展示，同时更便于交流和讨论；长方形的教室便于行列式座位编排，以供课堂讲授；圆形的座位形式使小组间的社会交往更加均衡。教室或学校其他房间的布置往往会影响教师和学生的心理和情绪。干净、整洁、整齐、布置得当的教室或房间会使人产生欢乐、舒适、享受、力量的感受以及继续在其中活动的愿望。相反，布置得较差的教室或房间则会使人产生单调、疲乏、烦躁、不满甚至敌对的情绪。教师在教室中的位置直接影响教师与学生之间的距离，进而影响学生的态度或表现。随着师生间距离的缩短及师生直接面对机会的增加，学生参与课堂活动的机会相应增多，后者通常又伴随着教师对学生注意的增多。不同类型的课堂活动、不同的教学方式方法，需要不同类型的教室设计、布置与之相适应。

2. 座位编排

较常见的教室座位编排方式有行列式座位编排、圆桌型编排，以及与此相近的半圈型、椭圆形、马蹄型等。其中最常见、最普遍的是行列式座位编排。学生座位编排的空间形式等，影响着整个课堂教学的进行，影响着课堂中师生之间、学生与学生之间的交往，影响着整个课堂气氛，从而对学生的学业成绩、学习态度和课堂参与产生一定影响。不同类型的座位编排方式适于不同类型的课堂活动，如课堂讲授、演示、测验等活动适于在行列式座位编排的教室里进行，这样可以减少学生之间不必要的交流；而课堂讨论等活动则适于在"圆桌式"或"马蹄形"座位编排的教室里进行。实际上，因座位编排而造成的学生"生态位"的差异，会造成师生间空间距离和人际距离的差异，从而导致学生感知、理解的差异，影响师生交往以及学生的学习成绩和学习态度。研究表明，对座位的偏爱与学生的个性、能力、自我评价以及对学校与学习的情感等因素都有着密切的关系，在学生自主选择座位的情况下，不同性格的学生选择不同的地方。

（三）班级规模

班级规模是指某一特定班级或教学单位所容纳的学生人数。教育生态学所要研究的，除班级规模的自身经济效益问题外，更主要的是将班级规模作为课堂教学的生态环境因子之一，考察其对课堂教学中的师生行为、情感以及学生成绩等问题的影响。

班级规模的不平衡性及其生态经济效益、班级规模与学生自身的特点有着不可分割的联系，不同年龄、不同年级学生的班级规模有着很大的不同。不同国家和地区的班级规模存在着一定的差异。

第二节　制度文化管理

一、中学管理制度概述

（一）中学管理制度的含义

现代中学是专门从事教育教学活动的社会机构，是具有浓郁的社会公益属性的教书育人场所。为了使国家的教育方针、政策、法规得到全面贯彻落实，并使日益复杂的现代教育教学及其相关配套活动的管理科学化、有序化、规范化，就必须建设与之相应的管理制度。

中学管理制度，从广义上说，包括一个国家对各级各类中学及其他教育机构的教育教学及其配套相关活动的管理所颁发的法律、法规、规章及政策等规范性文件的总称，它是协调和控制政府、社会组织和个人涉及教育活动行为的统一准则。从狭义上说，是指学校及其他教育机构对教育教学及其相关配套活动所制订的各种规章、规定、条例及实施细则等的总称，它是调节与控制中学内部各种关系和部门及个人行为的规范。

1. 国家和政府对中学的管理制度

现代社会的教育管理，成为国家和政府对社会实行有效管理的一个重要组成部分。世界上大多数国家或政府都通过法律法规的形式，运用立法、行政、经济等多种手段，建立起对中学及其他教育机构的管理制度。在我国，由国家颁布的教育法律和由政府及其教育行政部门颁行的教育法规规章，构成了国家和政府对中学教育教学及其相关配套活动的基本管理制度，同时也为中学自身的内部管理制度的建立提供法律上和政策上的依据。

这些国家和政府及其教育行政部门颁布的法律、法规和规章，其内容所涉及的各种规定和要求，是针对大多数中学的普遍性问题，而不是针对部分或某所中学的具体问题制订的，它是国家法律效力和行政权力的运用，适用于其法律效力和行政权力所管辖与行使的范围，具有普遍的约束力和强制性，其制定与颁行也必须通过严格的法定的程序。所有中学在日常中学管理中必须遵循这些基本的教育法律法规，任何违反教育法律规定的行为，都要承担相应的教育法律责任，并受到教育法律的追究。

2. 中学自身的内部管理制度

这通常是指学校对自身的教育教学及其相关配套活动所制定的各种条例、规定、章程、实施细则等的总称。它是由中学校长、中学党组织和教职工根据国家的教育方针、政策和法律法规，在中学管理实践的基础上，对现有的经验进行筛选、整理和总结，并结合中学管理的目标和具体环境加以制订的。同国家和政府对中学的管理制度一样，中学内部管理制度对本校各项工作和师生的行为也具有约束力。

（二）中学管理制度的特征

1. 制度建立的目的性

尽管中学的规模大小不同，但每一所中学都是由不同层次、多个部门构成的有机整体。各个层次、部门的管理职能权限与任务不尽相同，如果它们各自突出强调自己的管理目标，并以此建立以适应自身工作特点为主的规章制度，中学的各项工作之间便不可避免地会发生矛盾与摩擦。不同的规章制度反映各自的工作特点与管理职能是正常的，但所有这些规章制度的建立，都必须围绕着中学这一教育教学机构所承担的教书育人的职责来进行。着眼于如何有利于青少年学生的学习和成长，有利于师生的工作和学习来安排。规章制度的各种规范及其实施都应体现中学管理的总目标，从而使中学的各项工作得到有效地调节和控制，使其协调、稳定、有序地进行。

2. 制度操作的规范性

中学管理制度本身是一个多种类、多层次、多职能的完整体系，是调节和控制中学各个部门与师生行为的统一准则。不同层次和类别的管理制度具有不同的管理权限和职能，但它们之间绝不能相互矛盾和抵触。

3. 制度实施的强制性

中学管理制度是对中学各个部门和师生的学习、工作、生活等行为活动提出的带有指令性的准则和规范。

4. 制度施行的稳定性

中学的各项工作有着长期性、延续性和内在的规律性，各个层次和部门的工作任务与管理职能也有其一贯性和稳定性，因此保持管理制度的连续性和稳定性便显得十分重要。管理制度作为组织协调师生的力量、实现中学预期目标的手段，一方面它对中学成员行为有着强制性的控制作用，但另一方面，它对师生的心理也具有明显的调适作用，随着规章制度的推行，它将逐渐演化为人们的行为习惯。

（三）中学管理制度的作用

中学管理制度是实现中学职能的不可或缺的必要条件。现代中学的管理实践也表明，没有严格、健全的管理制度，中学便无法对现代教育教学活动进行有效的计划、组织、协调和控制，中学各项工作就无法正常开展。大体上说，中学管理制度具有如下作用。

1. 维持正常的中学工作秩序

从中学自身来说，它是一个正常的管理组织，它所制订的各项规章制度能调控师生的行为规范，中学的各个部门和师生只有遵守这些规章制度，中学的教育教学活动才能正常进行下去。如果中学规章制度不健全，或者是有章不循，有法不依，各行其是，各自为政，就会造成中学管理混乱，组织纪律涣散，教学设施流失，最终导致教育教学工作陷于无序状态，教育质量严重下降，损害了青少年学生的健康成长。

2. 提高中学管理效率

由于中学内部各个组织机构担负着各不相同的工作任务，赋有各自的管理职能，容易从本部门的利益出发考虑问题，因此在工作中不可避免地会出现矛盾摩擦。为了保证各机构之间在管理活动中的协调配合，就需要依靠科学而合理的制度来进行调节。如现行中学领导体制实行校长负责制，通过明确划分中学党政职能，使管理中学的责任及相应的职权统一于校长一身，从而大大提高了中学行政管理的效率。

3. 保证中学内外各项工作的协调统一

现代中学教育教学活动日趋复杂，中学与社会以及社区的关系日益密切，客观上需要有一些规章制度来调节中学内外各部门及各工作之间的关系。

4. 调节中学各种利益关系

中学实行劳动人事分配制度改革以来，运用利益杠杆调动部门和教职工劳动积极性的作用日益凸显。为了真正实行按劳分配、多劳多得、优质优酬的分配原则，就需要建立和实施能充分调动教职工工作积极性及责任感的课时津贴制度、职务津贴制度和岗位津贴制度等。通过这些制度的建立，一方面鼓励教职工用自己的努力去争取收入的增加，另一方面也兼顾了不同部门和群体的工作特点，协调了中学各方面的利益关系。

二、中学管理制度的基本内容

（一）中学基本的管理制度

随着中学教育教学及其相关配套活动的日趋多样和复杂，中学的制度种类也逐渐增多，按其地位和作用可分为基本的管理制度和一般的管理制度。中学基本的管理制度是指那些对中学各部门、各环节都起指导和决定作用的制度。

以下对一些基本的管理制度做出简要阐明。

1. 校长负责制

校长负责制即校长对政府主管部门承担中学管理的全面责任，对中学的教育教学及其他各项工作实行统一领导，全面负责。校长是中学的法定代表人，对外代表中学。

校长负责制赋予校长行使的管理权力主要有以下几方面。

（1）决策指挥权

在国家有关法律法规政策所允许的范围内，校长有权对本校的教育教学和行政工作进行决策和统一指挥。

（2）干部任免权

校长在认真听取教职工意见的基础上，经与中学党组织共同考察、讨论后，可提名和任免副校长或中学中层干部，按照当地干部管理权限规定的不同，报上级主管部门批准或备案。

（3）用人权

校长可根据中学发展的需要，从就业市场上招聘新教师，对校内已有的教师的工作进行适当调整。

（4）奖惩权

校长有权按照有关规定和程序对教职工进行奖惩。对教职工的重大奖励和行政处分需听取中学党组织和工会的意见，并按有关规定，报上级教育行政部门批准。

（5）财经权

校长有权按国家有关政策和规定，合理支配、使用中学经费、教育教学设施设备和中学其他财产。

除以上权力外，校长还可拥有国家和政府主管部门授予的其他有关权力。

2.教师职务评审与晋级制度

教师职务制度是国家对教师岗位设置、各级岗位任职条件以及取得该岗位职务的程序等方面的有关规定的总称。教师职务是根据教育教学等实际工作需要设置的有明确职责、任职条件和任期，并需要具备专门的业务知识和相应的学术（技术）水平才能担负的专业技术岗位。它与工资待遇挂钩，并有数额限制，不同于一次获得后面终身拥有的学位、学衔等学术称号。根据现行国家对中学教师职务系列的规定，普通中学设中学高级教师、一级教师、二级教师、三级教师，其中高级教师为高级职务，一级教师为中级职务，二、三级教师为初级职务。从现行教师职务试行条例的任职条件规定来看，教师职务的受聘，除应具备相应的教师资格外，还包括相应的教育教学水平、学术水平，具有教育科学理论的基础知识，能全面地、熟练地履行现职务职责，具备规定的学历要求，身体健康，能正常工作等。

（二）中学一般的管理制度

中学一般的管理制度是指根据中学具体工作实际，确立中学与校内各部门、组织机构及其管理者、教职工工作范围职责，师生学习、工作、生活的常规管理制度和行为规范等的规章、规定、条例、公约、守则等文件。

1.中学及其职能部门的工作制度

这是规范中学及其职能部门工作范围职责的管理制度。其中属于全校性的有：校行政会议或校长办公会议、年级组长会议、全校教职工会议、校周会等会议制度；中学环境管理条例，各类档案管理制度，校办产业管理制度，教职工政治、业务学习制度，教职工考勤制度，教导处工作职责，总务处工作职责，年级组工作职责，教研组工作职责，班主任工作条例以及生活作息时间表，值日、值周、值宿制度等工作管理制度；由职能部门制订的主要是其工作职责范围内的各种规章制度，如由校长办公室制订的安全保卫制度、文印室制度、门卫收发室制度等，由教导处制订的教师教学常规教研活动制度、听课备课制度、作业批改制度、实验室工作规则、课堂规则、作业规则、考试规则等，由总务处制订的财务管理制度以及物资采购、保管、使用和赔偿制度和食堂宿舍管理制度等。

2. 教职工岗位责任制度

这是根据中学内部各个工作岗位的性质、任务和职责要求而确立的规章制度。岗位责任制的内容一般包括岗位任务、工作职责、数量和质量要求以及奖惩规定等。在中学实施岗位责任制的目的是将教职工的责、权、利作为一个有机整体去贯彻和落实。其中职责是制度的核心，权利是完成工作任务的条件，利益是对履行职责的激励，要做到责字当头，责、权、利相统一，形成多层次、多类型的教职工岗位责任制，把岗位任务不仅落实到处、室、组，而且要做到责任到人。

3. 师生行为规则制度

这是中学师生在学习、工作、生活方面所应遵循的行为规范与准则。行为规则制度的内容一般包括应该做什么、如何做以及不得做什么的要求和规定，其中一些具体的条文规定，通常显得普通和平凡，但正是这些看似平淡的要求，恰恰是落实学校各项工作管理制度和岗位责任制度的重要保证，也是建设良好的校风、教风和学风的基础。

三、中学管理制度的建设与改革

（一）中学管理制度建设的基本要求

中学管理制度是对全校师生具有强制性和约束性的行为准则和规范，是治校之"法"。要使中学管理制度具有权威性，制度的建设就必须注意以下一些基本要求。

1. 合法性

中学管理制度的合法性，是指学校的各种规章制度必须符合国家教育法律法规和行政规章的各种规定，具体规章制度所设立的各种条文不得与之相抵触。中学各项规章制度的制订和施行，必须以国家已颁布实施的法律法规为依据，使国家有关学校工作法律法规中的一些原则性规定和要求具体化，并使之具备在管理过程中的可操作性，使其在中学管理工作中得到切实的落实。

2. 政策性

中学管理制度的政策性是指学校各项规章制度的建立，必须体现党和国家的教育方针政策和其他有关政策，坚持中学的社会主义办学方向，加强和完善政府对中学工作的宏观管理。

3. 科学性

中学管理制度的科学性是指管理制度必须符合中学教育教学工作的内在规律和青少年学生身心发展规律。中学制订各种规章制度的根本目的是培养社会主义事业的建设者和接班人。因此，中学管理制度的制订应当适应现代中学教育教学活动的功能，使各项具体的规章制度保持目标一致，形成上下衔接，左右沟通，相互联系，相互制约的体系，各项规章制度之间和条文规定之间不能相互矛盾、相互抵触。

4. 适度性

中学管理制度的适度性是指学校的各种规章制度的制订，应从本校师生以及中学所处的社区环境、办学条件和工作任务等的具体实际出发，实事求是，合理制订。"凡事预则立，不预则废"，各项具体规章制度的基本要求和质量标准的设定与实施，应充分考虑贯彻执行的条件和可能遇到的问题，要避免要求过高，脱离实际，纸上谈兵。

（二）学校管理制度的制订程序

一般来说，中学的各项规章制度的制订应遵循"三下二上"的操作规程。首先，中学管理者要将国家有关的教育法律法规的规定要求、上级行政机关的指示精神和政策规定以及中学发展的目标与规划等，原原本本地传达给师生，并让师生对其他中学有关制度方面改革的成效也有所了解，从而使师生与管理者在如何"治校"方面达成共识，激发起师生作为中学主人翁的意识，此为"一下"；在此基础上，调动师生的主动性、积极性和创造性，为建立健全中学的各项规章制度献计献策，在规章制度的具体条文规定的拟订方面，可责成有关的部门、组织机构提出草案，交由中学管理层讨论，此为"一上"；中学管理层通过广泛征求意见和建议，对照和比较他人的制度以及本校原有制度的特点，经过认真研究，提出修改补充意见，将形成的规章制度的初步方案下发至相关部门组织机构，扩大参与讨论的范围，此为"二下"；有关的部门、组织机构的人员对下发的初步方案，结合自身的具体实际工作的性质、职能、任务和特点，对条文规定逐条加以对照、检查和考核，实事求是地提出修改、补充和完善的意见与建议，再次上报中学管理层，此为"二上"；中学管理层对再次上报的方案进行认真细致的推敲、斟酌和修订，将基本完善了的规章制度交由中学教职工代表大会或中学行政会议审议通过，由校长颁布实施此为"三下"。

（三）中学管理制度的实施

中学规章制度一经确立，就成为全体师生必须遵循的行为准则和规范，并具有强制性和约束力。在贯彻执行中学管理制度过程中，规章制度的具体规定与要求的效力，适用于其覆盖的所有人和事，无论是对中学领导还是对群众，应一视同仁，实行统一尺度，概莫能外。"其身正，不令而行；其身不正，虽令不从"，身教重于言教。中学管理者尤应以身作则，率先垂范，带头严格执行各项规定和要求，做维护管理制度权威性、严肃性的典范。中学领导者若违反了规章制度，同样应受到预先设定的惩处。只有这样，才能教育和带动师生主动、认真、自觉地遵守各项规章制度。

（四）制度建设与人本管理

所谓人本管理，就是基于人（基于人的本性）、根据人（根据人的身心特点）以及为了人（为了人的发展）的管理模式，换句话说，这种管理要充分突出人的地位，把调动人的积极性作为管理的最终目标，而不是只见规章不见人。

管理中既要有他律，更要倡导自律。如何做到这一点，可以从几个因素考虑。

第一，如前所述，在整个制度制订过程中充分听取教职工的意见，而不是校领导少数人关起门来自行决策。

第二，所制订的制度，尤其在涉及教学专业领域问题时不宜过细过密，要给教师教学创新和专业发展留下足够的空间。

第三，制度中有些内容（如教学奖励制度）的设计，不但要突出执行的结果，也要看其执行过程，完美的制度建设应使人在整个执行过程中而不仅仅是在执行以后体验到一种自身价值的实现和满足。

第四，制度建设中要有足够的内容。这些内容能使教职员工深刻感受到其事业成功和个人发展的无限可能性，从而激励其不断奋发向上，追求成功。

第五，制度建设不能以"管、卡、压"为基本准则，而应以最大限度地方便和满足师生的学习和工作为出发点。只有在中学制度建设中充分考虑了上述这些因素，我们才能在中学中建立一支团结协作，具有奉献精神的教职工群体，并在管理上达到一种既有规范和制度又有每个人个性和能力的充分发展的高层次的管理境界。

四、实行依法治校，加强中学规章制度建设

作为在中学教书育人的教师，长期耳濡目染于学校各层面的管理工作，逐渐有了一些认识和体会。古训云："没有规矩，不成方圆。"大到国家，小到学校，都是同理。

法治是当代社会发展的一种趋势，是现代管理观念的价值取向。近年来，中学用人制度改革、加强民主管理和监督，重视师生合法权益保护等都需要法治保障。无论宏观角度还是微观角度，实行依法治校都是中学发展创新的必然要求。

"法"是一个内涵和外延都很丰富的概念。对于依法治校的"法"可理解为：第一，国家的法规和指导教育改革发展的政策。第二，地方政府及其教育管理部门关于教育改革发展的文件。第三，中学的规章制度。加强中学规章制度建设需要明确的基础要求如下。

（一）认识到位

规章制度建设是依法治校的前提，是中学发展建设的"灵魂"。它集中反映了一所中学的办学宗旨和办学指导思想，是校长、教师、学生及其他相关人员应当遵守的行为准则。通过加强中学规章制度建设来加强和改善中学管理，符合法治精神，也是当前和今后中学建设的发展趋势。

规章制度建设在中学发展中具有不可替代的重要地位。建章立制属于中学决策部门的职权，即中学的主要行政领导，要充分而深刻地认识到该问题的重要性，然后再认真地进行组织制订。

（二）建章立制

制订中学规章制度需要遵守几个原则。

1.合法性原则

不能与国家、法律、法规、规章和各级政府关于教育改革发展的政策要求相抵触。

2 合理原则

不能将教师、学生等分为三六九等，应当一视同仁，坚持公平、公正。

3.民主原则

在制订规章制度时，要走民主程序，充分发挥教师、学生等参与中学管理的积极作用。

4.稳定性原则

要从发展的角度来制订规章制度，防止"近视"，使制订的规章制度在相当长的时间内保持稳定。

5.重程序原则

要明确制订和修订中学规章制度的程序，包括启动、讨论、修订和通过等各环节的科学程序，防止领导个人说了算的倾向和由此引起的管理动荡。制订的过程应该从大处着眼、小处着手，大的宏观思路、指导思想要明确，小的规章制度和条文要具体，具有操作性。

（三）贯彻落实

落实规章制度是中学规章制度建设的关键一步，也是中学长久发展的保障。规章制度只有贯彻落实了，才能作用于中学管理，影响中学发展，改变中学精神风貌。

1.吸纳合理化建议

通过召开教职工代表大会和师生大会，讨论中学规章制度建设问题，充分听取合理性意见和建议，找出中学规章制度的"盲点""现状"等，由中学领导研究决策，确定中学规章制度建设的工作计划。

2. 制订、修订中学规章制度

中学现行规章制度可能会存在一些问题，如营利制度不全，法律要求的章程以及学生、教师申诉制度等许多中学没有，需要补上；制度内容不合理；制度内容陈旧落后，多年不修订，跟不上形势发展变化的需要；制度之间"打架"、互相矛盾等。这些方面都需要加以修订和改正，主要是在空缺的领域制订新的管理制度，对不符合发展需要的制度进行修订。

3. 重视规章制度的落实

规章制度不是美丽的花瓶，其价值在于落在实处。制度不落实，或者有用的时候才落实，是中学制度建设的大忌。要让规章制度"到实践中去"，观察和总结制度建设的经验，解决实践问题。

4. 保持规章制度的连续性

无论是规章制度的制订、修订，还是规章制度的落实，都应当保持连续性，以保障中学运行的稳定性，维护广大师生的利益。只有这样的中学，才是有生机、有升值潜力的中学。

第三节　精神文化管理

一、树立新型优良校风

校风，顾名思义是指全校成员共同努力所形成的一种有特色的、相对稳定的行为习惯和风尚。它是中学整体素质的外在反映。树立良好的校风是中学校长的基本任务。

（一）校风的内容

校风建设的内容包括的范围是很广的，可以说是各个方面的，应有尽有，但主要是围绕精神文明建设方面。从校风构成的要素来看，大致有五个方面。

1. 创设环境氛围

优美的校园环境氛围，是体现校风的重要标志，往往给人以强烈的"第一印象"。校园环境建设要求校舍布局规范，楼房和校内色彩协调，校训醒目，国旗飘扬，板报、条幅、画像布置合理。校内外整洁干净，无垃圾，无污染，无噪声。重视绿化、美化，在楼前道路两旁操场边缘种植各种花草树木，使校园四季常青，百花争艳，香气四溢。

2. 形成稳定秩序

中学要有严明的纪律，努力形成井井有条的生活秩序、教学秩序和工作秩序。如要求一切人员按照作息时间进行教学、活动、办事。

3. 培养文明习惯

文明行为是个人素质修养的反映。一个教师如果出言不逊，举止粗野，那是没有教养的。培养文明习惯的内容包括是比较广的，大致有仪表、举止、语言、行为几个方面。

4. 培养情感意识

培养人的情感意识是校风建设的有机组成部分。良好的道德情感体现在忠于祖国，热爱事业，关心他人，严于律己。对集体关心备至，主动参与活动，自觉维护集体荣誉；对同志讲团结，重友谊，富有同情心，乐于助人；对学生有爱心，关怀体贴。

5. 培养高尚精神

精神状态是中学成员思想水平、性格特点、风度士气的综合反映。一所中学精神状态好，应表现在政治热情高，同心协力，真抓实干方面；有正确的教育观、道德观、价值观；有抓住机遇，勇于改革的精神；有适应社会，走向成功的进取精神；有不畏困难，迎接挑战的奉献精神。

（二）校风的特点

校风的特点是受校风内容和时代的发展所制约的。就一般情况来说，校风的特点主要有三个方面。

1. 结构性

校风是一个多因素、多层次结构的系统。从中学成员承担的不同任务及其职能来划分，基本上可分为三个层次：①领导者及领导集体的领导作风。②教师的教风和教研组、年级组的组风。③学生的学风及班风。

2. 稳定性

中学校风的形成是一个漫长的过程。校风稳定性的特点也是相对的，因为教育在改革，中学的发展不可能停留在一个水平上，变是绝对的，而不变是相对的。校风建设也要随着中学发展而发展，随着时代变化而不断丰富和完善。

3. 特色性

事物都具有特殊性。校风有一般校风和优良校风的区别。一般校风是每所中学都有的，基本上没什么特点可言。而优良校风则不同，它是区别于其他中学的独特之风。这种独特之风，就是在某一方面有自己的独到之处，有自己的优势和特点，是别人所没有或不完全具备的。我们所提倡的校风不是一般意义上的校风，而是有特色的优良校风。

（三）校风的功能

校风的内容和结构特点，决定了校风的功能。校风的功能，从实现教育目标和教书育人的几个方面可以看出。

1. 优良校风是全面贯彻教育方针、全面育人的可靠保证

中学的根本任务是全面贯彻教育方针，全面提高教育质量，培养全面发展的社会主义建设者和接班人。实现这一目标，靠的是校长和教师的努力，靠的是有力的精神和物质激励措施。校风建设是形成强大精神动力的源泉。

2. 优良的校风能为师生的工作和学习提供良好的心理环境

人的成长和发展是受环境影响的。中学是一种特殊环境，它通过有目的、有计划、有组织的活动，对青少年发挥着较之社会更有优势的引导作用。中学环境包括物质环境和心理环境两个方面。在充分利用物质环境的同时，要尽最大努力发挥由校风诸要素所形成的心理环境的作用。

优良的校风能够促进人际关系的和谐发展。中学成员的团结友爱和主人翁意识是校风的主要体现，是构成心理环境的重要内容。团结友爱的人际关系有利于形成愉快的情绪、健康的心理，乃至良好的个性。

（四）树立校风的做法

优良校风的形成不是一朝一夕的事，需要有一个教育培养、继承发展和反复实践的过程。由于各校条件和特点不同，其做法也各有千秋。就其共同的做法来看，大致有如下几点。

1. 提出目标，宣传教育

建设什么样的校风，需要制订一个理想目标，这个目标的确立，应该是中学管理总目标的一部分，而不是脱离总目标另搞一套。制订校风目标的依据，一是党和国家对教育工作的要求，二是从本校实际出发，能够反映出本校办学的特色性和先进性。提出的校风目标，既要有指引方向的作用，又是经过努力可以达到的。

校风目标应体现办学特点。每所中学办学都有自己的长处，制订校风建设目标应把办学的特点凸显出来。如果没有中学个性，千校一面，也就无所谓办学风格了。优良校风的典型意义就在于它与众不同。

校风目标的表述应简明新颖。有的可以概括为几个字的校训，有的可以纲要式地列入规划。管哪一种目标形式，都必须坚持从群众中来，再回到群众中去。要做到这一点，就要搞好宣传教育，使教师、学生人人明白，并成为指导他们行动的指南。

2. 领导示范，骨干先行

校长的言行和威望是推动校风建设的强大力量。校长的作用，除了计划、决策之外，就是带领和指导群众去干。所谓"其身正，不令而行；其身不正，虽令不从"就是强调领导者以身作则，身体力行的重要性。在校风建设中，校长对自己所倡导的、要求师生做到的，如果能首先言传身教，从我做起，从小事做起，就会被师生看在眼里，记在心上，产生仿效和激励作用。校长带领群众去干，主要是通过骨干进行的。骨干的作用在于它的先进性，认识高，跟得快；在于它的影响力，能够由点扩展到面，由几个人带动一批人。一种风气的形成常常是从少数人的倡导和示范引起的，直到被更多人学习和参与。这种由不自觉到自觉、由点到面的发展过程是校风形成的必由之路。

3. 发扬优良传统，创新教育形式

所谓中学传统是指在中学发展过程中形成并流传下来的具有一定特点的思想、作风、习惯、制度等。优良的校风不是凭空产生的，它是随着历史的发展，不断吸收时代精神，在中学长期文化实践过程中逐步形成的，它凝聚了中学引以为自豪的优良传统。优良传统是维系中学的精神支柱，是培养爱校意识的手段，是良好校风的表现形式。

下面介绍几种反映校风的教育形式。

（1）校服

校服是全校师生统一定做的服装。一般分教师服和学生服，重点是学生服。学生校服分为男生服和女生服。师生穿校服不仅整齐美观，具有给人以力量的作用，而且也是团结学生，更好地管理学生的手段。

（2）校歌

校歌是经全校师生讨论、确认，能体现本校特色，激励师生奋发向上的歌曲。一首校歌不仅反映了中学的面貌和特征，而且用美丽的言辞歌颂中学，从而达到使师生热爱中学的作用。

（3）校庆活动

校庆是为了纪念中学建立若干周年而举行的庆祝活动。一般是历史比较久或在某些方面具有特色的情况下举行。校庆活动对于发扬中学光荣传统、激发师生爱校热情，联系校友、交流经验，提高中学知名度具有重要作用。

（4）升国旗仪式

五星红旗是中华人民共和国的象征，代表了我们伟大的祖国。培养师生爱国之情，就要从热爱国旗做起。

按照国旗法规定的有关精神，中学在执行升降国旗制度中要注意以下几点。

第一，全日制中学，除寒暑假和星期日外，应当每日升降国旗，每周一、

重大节日或纪念日举行升旗仪式。每日静校前，由旗手和护旗手按国旗法中有关规定降旗。

第二，举行升旗仪式时，在校全体师生参加，整齐列队面向国旗，肃立致敬，待升国旗完毕后，方可自由行动。

第三，要组织师生进行国旗下的教育讲话，每周一次，内容根据形势和中学教育需要安排，要求具有时代性、教育性和激励性。

二、坚持发挥中学主渠道、主阵地作用，唱响未成年人道德教育主旋律

中学教育是进行系统道德教育的主阵地和主渠道。积极探索新形势下道德教育的特点和规律，在内容、形式、方法、手段、机制等方面努力改进和创新，发挥好中学的主阵地、主渠道作用，对唱响未成年人道德教育主旋律具有深远意义。

坚持不懈地开展以集体主义、"五爱"教育和社会公德教育为主要内容的道德教育。社会主义道德建设要坚持以为人民服务为核心，以集体主义为原则，以爱祖国、爱人民、爱劳动、爱科学、爱社会主义为基本要求，以社会公德、职业道德、家庭美德为着力点，这是中学开展道德教育必须遵循的总体要求和主要内容。

坚持不懈地推行素质教育并且把教书与育人紧密结合起来。中学对学生开展系统的道德教育，必须全面推进素质教育，把教书与育人紧密结合起来。除直接开设思想品德、公民道德等课程对学生进行道德教育外，还要通过多种途径，把道德教育融入整个中学教育和学生活动的各个环节中。

坚持不懈地从学生和未成年人身心特点出发，讲究方法和实效。中学开展道德教育，要科学规划各个学习阶段道德教育的具体内容。同时，在具体的教育过程中，一定要从学生的身心特点出发，讲究方法、讲求实效。

第一，在道德教育的出发点上，要注重培养学生的自我教育能力。

第二，在道德教育的具体方法上，要做到六顺：①要顺情。动之以情，以情感人。②要顺理。在讲授中晓之以理，以理育人。③要顺性。根据不同的个性和特征进行教育，增强教育的针对性。④要顺势。根据不同的形

势展开适时的教育。⑤要顺利。因势利导，水到渠成，顺畅自然。⑥要顺真。讲真话，说实情，实事求是。

第三，在道德教育的实际操作中，要注意六个结合：①要把中学教育与家庭、社会教育结合起来。②要把道德教育与日常生活结合起来。③要把正面教育与反面教育结合起来。④要把共性教育与特殊教育结合起来。⑤要把无形教育与有形教育结合起来。⑥要把物质奖励与荣誉感教育结合起来。

参考文献

[1] 陈孝彬 . 教育管理学 3 版 [M]. 北京：北京师范大学出版社，2008.

[2] 范国睿 . 学校管理的理论与实务 [M]. 上海：华东师范大学出版社，2003.

[3] 安文铸 . 现代教育管理学引论 [M]. 北京：北京师范大学出版社，1995.

[4] 安文铸 . 学校管理研究专题 [M]. 北京：科学普及出版社，1997.

[5] 冯大鸣，吴志宏 . 教育管理学参考读本 [M]. 上海：华东师范大学出版社，2002.

[6] 李保强 . 学校管理学 [M]. 北京：高等教育出版社，2002.

[7] 陈桂生 . 到中小学去研究教育 [M]. 上海：华东师范大学出版社，2000.

[8] 范国睿 . 多元与融合：多维视野中的学校发展 [M]. 北京：教育科学出版社，2002.

[9] 孙灿成 . 学校管理学概论 [M]. 北京：人民教育出版社，2000.

[10] 冯大鸣 . 沟通与分享：中西教育管理领衔学者世纪汇谈 [M]. 上海：上海世纪出版社，2002.

[11] 周三多 . 管理学原理与方法 6 版 [M]. 上海：复旦大学出版社，1997.

[12] 黄云龙 . 现代教育管理学 [M]. 上海：复旦大学出版社，1993.

[13] 黄崴 . 教育管理学：概念与原理 [M]. 广州：广东高等教育出版社，2002.

[14] 黄志成，程晋宽 . 现代教育管理论 [M]. 上海：上海教育出版社，2001.